오늘 밤은
맘 편히 자고 싶어

행복 강박증에서 벗어나는 34가지 생각 습관

오늘 밤은 맘 편히 자고 싶어

초판 1쇄 인쇄 2021년 3월 24일
초판 1쇄 발행 2021년 4월 1일

지은이 이원선

발행인 백유미 조영석

발행처 (주)라온아시아
주소 서울특별시 서초구 효령로34길 4, 프린스효령빌딩 5F

등록 2016년 7월 5일 제 2016-000141호
전화 070-7600-8230 **팩스** 070-4754-2473

값 14,500원
ISBN 979-11-91283-32-7 (03190)

오늘 밤은 맘 편히 자고 싶어

이원선 지음

행복 강박증에서 벗어나는 34가지 생각 습관

RAON BOOK

프롤로그

크리스마스이브, 나무꾼 부부의 어린 남매 치르치르와 미치르는 길 건너 부잣집의 화려한 크리스마스트리와 케이크를 부러운 눈으로 바라보았다. 남매는 자신들도 저런 크리스마스 선물을 받을 수 있을까 하는 생각과 함께 자신들은 집이 가난하여 무리일 것이라며 고개를 저었다. 이때 이웃집 할머니가 남매에게 찾아와 아픈 손녀를 위해 파랑새를 찾아달라고 부탁한다. 그러면서 할머니는 마법의 모자를 남매에게 준다. 남매는 그렇게 파랑새를 찾으러 떠나게 된다.

치르치르와 미치르는 파랑새를 찾기 위해 과거의 나라, 밤의 궁전, 어두운 숲속, 화려한 궁전, 미래의 나라 등을 여행하게 된다. 그러나 남매는 그 어느 곳에서도 파랑새를 찾지 못한다. 그들이 파랑새를 발견했을 때는 파랑새가 이미 죽어 있거나 날아가 버린 후였다. 그리고 크리스마스 아침, 잠에서 깨어난 남매는 자신들이 찾던 파랑새가 먼 곳이 아닌 바로 자신의 집에 있음을 발견한다.

위 이야기는 마테를링크(Maurice Maéterlinck)의 희곡 〈파랑새〉의 줄거리다. 마테를링크는 이 이야기를 통해 행복이란 먼 곳에 있는 것이 아니라 우리 가까이에 있는 것임을 전달하고자 했다. 그러나 나는 어릴 때 〈파랑새〉를 읽으며, '결국 파랑새가 집에 있는 줄도 모르고 고생은 고생대로 했네'라고 생각했다. 눈 떠보니 파랑새가 그들 곁에 있었다는 것이 마치 남매의 여행을 헛수고로 만들었다고 느꼈다. 그 당시 나는 매우 어렸고, 〈파랑새〉가 주는 교훈이 와닿지 않았다.

내가 〈파랑새〉를 이해한 것은 그로부터 30년 정도가 지나서였다. 남매가 눈앞에 있는 파랑새를 못 보고 고생만 했다고 생각했는데, 나이가 들고 나서야 그들의 고생이 의미 없는 일은 아니었음을 알게 되었다. 아이러니하게도 우리 곁에 있다는 행복은 때때로 그렇게 먼 길을 헤매고 나서야 발견된다는 것을 배운 것이다. 눈앞에 다이아몬드가 있어도 그 가치를 모르면 그냥 돌멩이에 지나지 않듯이 행복도 마찬가지였다. 긴 여행을 거치고 나서야 가치가 보이는 것들이 있는데, 파랑새도 행복도 그런 것들이었다.

〈파랑새〉가 이야기하듯이 행복이 곁에 있다는 것은 교훈이 된다. 그러나 내가 살면서 느낀 건, 때로는 행복이 곁에 있다는 사실을 알기 위한 경험 그 자체가 무엇보다도 중요하다는 것이다. 그 경험들은 행복이 행복이기 위해 필요한 시간들이기 때문이다.

이 책에서 내가 말하고자 하는 것들은 그런 것들이다. 어찌 보면 뻔할 수도 있지만 뻔하면서도 잘 몰랐던 이야기들 말이다. 우리가 당연하게 생각해왔던 것들이 당연하지 않다는 것, 인생의 충격과 아픔이 주는 또 다른 면, 알고 있었으면서도 당신이 애써 외면해왔던 것들에 대한 이야기들을 하려 한다. 예를 들어 행복하기 위해 우리가 버려야 할 가장 큰 사고방식 중 하나는 '행복을 추구하는 것' 그 자체다. 행복에 대한 추구는 우리를 행복으로 인도하기보다는 도리어 지금의 현실을 행복하지 못하게 만든다. 그건 마치 파랑새가 내 옆에 있지만, 곁에 있는 줄 모르고 헤매는 것과 같다. 그럼에도 불구하고 파랑새가 곁에 있다는 것을 깨닫기 위한 시간들은 의미가 있다. 그렇게 헤매지 않았더라면 '행복을 추구하는 것'이 행복하기 위해 가장 버려야 할 것이라는 사실을 몰랐을 것이기 때문이다.

세상에는 파랑새든 행복이든 곁에 있는데도 죽을 때까지 그걸 모르는 사람들이 많다. 그래서 행복을 찾기 위해서가 아니라 행복을 보는 눈을 갖기 위한 이야기들을 하려 한다. 아직 살아갈 날이 많은 당신에게, 그리고 나보다 더 많은 인생을 살아온 당신에게 당신이 살아온 시간들이 헛된 것이 아니었다고 말하고 싶다. 생각해보면 이불킥을 할 정도의 창피한 기억도, 미래만 걱정하며 보낸 순간들도, 당신의 그 부정적인 관점과 성격들도 그저 나쁘기만 한 것은 아니었음을 이야기하려 한다. 그래서 당신도, 나도 '행복'이라는 것에 조금 덜 얽매일 수 있다면 좋겠다. 그렇게 오늘 밤만이라도 당신이 조금은 편안히 잠들기를…….

이원선

차 례

프롤로그 • 4

1장

행복의 조건이 따로 있는 것은 아니다

행복은 비교 가능한가 • 15
돈 많고 능력 있으면 남보다 더 행복할까 • 20
인생은 멀리서 보면 희극, 가까이서 보면 비극 • 27
행복하지 못할까 봐 두려웠다 • 32
어떤 선택이든 좋은 결과는 내 마음이 만든다 • 39

2장

마음먹기에 달렸다는 헛소리는 이제 그만

세상 못 믿을 놈은 정작 나 자신이다 • 49
기수가 탄 것은 코끼리가 아니었다 • 55
살면서 가장 속이고 싶은 대상은 '자기 자신'이다 • 62
좌뇌는 왜곡과 변명의 천재다 • 70
코끼리와 어울리기 • 78
좌절하지 않을 만큼만 꿈에 베팅하라 • 85

3장

당연하다는 생각이 당신을 망친다

때로는 생각이 가장 큰 방해물이다 • 97
'나쁘다'는 생각이 '나쁨'을 만든다 • 101
아프면 병원에 가라 • 108
뇌는 한번 망가지면 끝일까 • 117
사고방식이 바뀌는 데 걸리는 시간, 고작 60분 • 124

4장

최악의 상황은 언제나 있는 법

예상은 성숙한 방어기제다 • 135
'좋은 게 좋은 거'라는 신화를 깨자 • 142
선택할 때 책임을 먼저 고려하라 • 148
최악의 상황을 그려보자 • 155
인생에서 중요한 것만 남겨라 • 164
카르페 디엠, 현재 이 순간에 충실하자 • 169

5장

인생의 충격이 때론 시작점이 된다

새로운 회복력, 안티프래질 • 177

목표 따위는 정하지 말자 • 182

모든 변화는 위기이자 기회다 • 189

달라진 세상을 받아들이자 • 197

해석도 시대에 따라 바뀐다 • 203

새로운 것에 늘 도전하라 • 210

6장

당신의 아픔을 축복하라

외로움을 떨쳐내려 하지 말고 친구 삼아라 • 219

어쩌면 내 약점은 내 강점일지도 모른다 • 226

상처받을수록 사랑한다 • 232

영원하지 않아도 괜찮다 • 238

천국에는 유머가 없다 • 242

내 장례식에 오신 것을 환영합니다 • 250

주 • 258

1장

행복의 조건이 따로 있는 것은 아니다

행복은 비교 가능한가

로또 1등과 하반신 마비의 행복도 차이

두 가지 중 하나의 인생을 선택할 수 있다고 하자. 하나는 로또 1등에 당첨되는 것이고, 다른 하나는 사고로 반신불수가 되는 것이다. 당신은 둘 중 어떤 삶을 선택하겠는가? 그리고 당신은 둘 중 누가 더 행복할 것이라고 생각하는가?

모든 사람들은 당연히 하반신 마비보다 로또 1등에 당첨되는 삶을 선택할 것이다. 그리고 로또 당첨자의 삶이 하반신 마비 환자로 사는 것보다 더 행복하다고 생각할 것이다. 그렇다면 실제로도 그럴까?

"그날의 사고는 인생에서 가장 멋진 일입니다"

마크 주팬(Mark Zupan)이라는 청년이 있다. 대학 축구팀 선수였던 그는 어느 날 술에 취해 친구의 트럭 뒷자리에서 잠이 들었다. 그 사실을 몰랐던 그의 친구는 만취 상태로 트럭을 운전했고 큰 교통사고를 일으켜 주팬은 척추 손상과 함께 하반신이 마비되었다. 그는 평생 걷지 못하게 된 것이다.

대부분의 사람들은 이 이야기를 들으면 그가 사고로 인해 깊은 좌절감과 우울감에 빠져 괴로운 나날을 보내며, 다시는 사고 전과 같은 행복을 느낄 수 없을 것이라고 생각한다. 또 평생 그날의 선택을 후회하며 고통스러운 나날을 보낼 것이라고 여긴다. 하지만 예상과 달리 사고 이후 주팬은 그 일이 '자신의 인생에서 최고로 멋진 일'이라고 말했다.

실제로 많은 사람들은 자신에게 이런 일이 닥치면 너무 불행해서 견디지 못할 것이라고 생각한다. 삶이 하루아침에 무너졌다고 여기며, 더 이상 내 삶에 행복이란 단어는 존재하지 않는다고 여긴다. 그러나 한 연구에 의하면 척추 손상으로 신체 마비가 온 환자의 86퍼센트는 자기가 누리는 삶이 평균 이상이라고 답했고, 심지어 응답자의 25퍼센트는 매우 이상적인 삶이라고 응답했다.[1]

객관적인 행복이란 없다

로또 1등 당첨자와 하반신 마비 환자의 행복도를 조사한 결과에 따르면, 1년 후 그들의 주관적 행복도에는 큰 차이가 없었다.[2] 심지어 하반신 마비 환자들 중에는 자신을 걸을 수 없게 만든 불의의 사고가 자신의 인생에서 일어난 최고로 멋진 일이었다고 말하는 사람도 있었다. 주팬도 그런 사람 중 한 명이었다.

큰 병이 들었을 때, 인생의 큰 난관으로 모든 것을 잃었을 때, 사람들은 상상만으로도 매우 끔찍하고 좌절밖에 존재하지 않을 것이라고 생각한다. 따라서 대부분의 사람들은 그들의 대답이 선뜻 이해되지 않을 것이다.

하지만 이것은 행복의 기준과 조건이 답안지처럼 정해져 있을 것이라는 생각에서 비롯된 오해이자 편견이다. 시험에 떨어지거나, 누군가와 헤어지거나, 어떤 일에 실패했을 때 얼마나 괴로울지를 상상해보라. 혹은 20억짜리 로또에 당첨되거나, 원하는 기업에 합격하거나, 사랑하는 사람과 결혼했을 때 얼마나 행복할지를 상상해보라.

사람들은 어떤 일이 실제로 일어났을 때보다, 그 일을 상상할 때 거기에 따른 괴로움이나 행복도를 과대평가하는 경향이 있다. 우리는 로또에 당첨되면 엄청 행복하고, 사고로 장애를 입으면 매우 불행할 것이라고 여기지만, 앞에서 보았듯이 1년 후 그들의 행복도는 크게 다르지 않았다.

경험의 모호성, 하나의 사건이 인생 전체를 도배하지는 못한다

삶에서 일어난 사건 하나가 우리의 인생 전체를 도배하지는 못한다. 또 인간에게는 '적응'이라는 심리적 기제가 있기 때문에 행복이든 불행이든 시간이 지나면 익숙해지기 마련이다. 갑자기 장애를 겪게 된 사람도 마찬가지다. 경험하지 않은 사람들은 '장애'라는 측면에만 초점을 맞춰 그들의 삶 전체를 평가하지만, 막상 그런 일이 닥치면 '적응'이라는 기제를 통해 삶에 필요한 최상의 관점을 찾게 된다.

처음에는 그 상황을 받아들이기까지 시간이 필요하고 그 과정에서 괴로워한다. 하지만 그들은 평생을 그 상황에만 빠져 자신을 매일매일의 불행에 가두지는 않는다. 도리어 어느 날은 맛있는 음식을 먹으며 즐거워하고, 때로는 아름다운 풍경을 보며 행복감을 느끼기도 하면서 보통 사람들과 똑같이 하루를 사는 것이다. 오히려 사고나 질병을 통해 그전에는 미처 알지 못했던 가치를 발견하기도 한다. 그래서 그들의 삶이 불행하다고 할 수만은 없다.

인간의 경험 자체는 사실 생각보다 모호하다. 따라서 일어난 사건 자체가 누군가의 행복과 불행을 객관적으로 결정하는 것은 아니다. 도리어 그것을 바라보는 우리의 시각이 행복과 불행을 결정한다. 그러므로 우리는 일어난 사건 자체에 대해 후회만 하고 있을 것이 아니라, 그것을 어떻게 바라볼 것인지를 먼저 고민해봐야 한다.

돈 많고 능력 있으면 남보다 더 행복할까

행복과 불행의 기준은 상대적이다

삶을 행복하게 만드는 여러 요소들이 있다. 대표적인 것 중 하나가 바로 돈이다. 돈이 있으면 다양한 활동들을 할 수 있다. 돈이 많을수록 더 많은 기회가 주어지므로 사람들은 돈이 많으면 더 행복할 것이라고 생각한다.

돈이 행복과 관련이 있는 것은 사실이다. 그러나 여러 연구들에 따르면 일정 수준 이상의 돈은 삶의 행복도와는 상관관계가 낮다. 빈곤층의 경우에는 경제 수준이 행복에 미치는 영향이 크지만, 중산층이 되면 일정 이상의 돈을 더 갖는다고 해서 반드시 행복과 직결되지는 않는다.

예를 들어 당신이 두 개의 직업 중 하나를 선택할 수 있다고 가정해보자. A라는 직업을 선택할 경우 같은 직종의 친구들은 평균 6천만 원 정도를 받고, 당신은 8천만 원 정도를 받게 된다. 반면 B라는 직업을 선택할 경우 같은 직종의 친구들은 1억 5천만 원 정도를 받지만, 당신은 9천만 원을 받게 된다. 이 경우 당신은 A와 B 중 어떤 직업을 선택하겠는가?

8천만 원과 9천만 원이라는 금액 차이만으로 B를 선택하는 사람도 있겠지만, 이런 선택이 주어졌을 때 대부분의 사람들은 고민한다. B를 선택할 경우 A보다 1천만 원을 더 벌지만, 같은 직종에 있는 친구들이 나보다 훨씬 높은 연봉을 받는다는 것이 나를 불편하게 만들기 때문이다. 사람들은 나와 다른 직업을 가진 사람이 더 큰 돈을 버는 것보다, 나와 같은 일을 하는 사람이 나보다 조금 더 높은 연봉을 받을 때 훨씬 불행함을 느낀다. 따라서 단순히 돈의 액수가 행복의 객관적 기준이 아니라는 것이다.

흙수저라서 안 된다는 핑계

"Born with a silver spoon in one's mouth."

'은수저를 물고 태어났다'는 영어 속담으로 유복한 가정에서 태어난 사람을 일컫는다. 이를 응용하여 요즘 많이 사용되는 단어들이 있다. 은수저를 넘어선 금수저, 그리고 금수저의 반대 개념인 흙수저다.

금수저는 은수저보다 상위 개념으로 서민이 따라잡을 수 없는 부유한 계급을 의미한다. 반면 흙수저란 금수저의 대립적 개념으로 부모로부터 물려받은 것이 없는 사람을 뜻한다. 이를 바탕으로 금수저·은수저·동수저·흙수저 등으로 사회계급을 분류하는 '수저계급론'까지 나왔으니 씁쓸하기 그지없다.

2017년 직장인 약 2천 명을 대상으로 실시한 연구에 따르면, 92퍼센트가 수저계급론이 현실이며 그중 자신이 흙수저라고 응답한 비율은 66.5퍼센트였다.[3] 그리고 2019년 기획재정부에서 발간한 〈청년 희망 사다리 실태조사〉에 따르면 자신의 노력에 따라 사회적·경제적 지위를 높일 수 있다고 생각하는 청년의 비율은 18.6퍼센트에 지나지 않았다. 반면 절반이 넘는 59.2퍼센트가 자기의 노력으로 계층 이동이 불가능할 것이라고 응답했다.

이러한 연구나 설문조사가 아니더라도 인터넷에서 스스로를 흙수저에 비유하며 자신은 노력해도 안 될 것이라고 말하는 댓글들을 심심치 않게 볼 수 있다. 부모님 세대에는 공부나 노력을 통해 사회적 지위를 바꿀 수 있다는 희망이 있었기에 '개천에서 용 난다'는 말이 가능했다. 하지만 요즘은 개그맨 박명수의 '개천에서 용 난 사람 만나면 개천으로 같이 빠진다'는 말이 하나의 어록으로 남을 정도다.

그럼에도 불구하고 우리는 어려운 환경을 극복하고 성공한 사람들의 이야기를 쉽게 접한다. 다만 그들의 인생 역전 드라마는 마치 그들이 특별한 사람이기에 가능한 이야기처럼 들린다. 현실적으로는 나와 관계없는 것으로 여겨지는 것이다.

하지만 그런 사례가 내 주변에서 들릴 때, TV에 나올 정도의 화려한 성공은 아니더라도 생각지 못했던 지인의 삶이 완전히 바뀐 이야기를 전해 들을 때면, 인생 역전의 삶이 좀 더 현실적으로 다가오기도 한다.

삶의 제약은 환경이 아니라 마인드에서 온다

연락을 하고 지내지는 않지만 가끔 주변 사람들을 통해 소식을 듣는 후배가 있다. 대학 때 그 후배의 꿈은 사법고시에 합격하여 판검사가 되는 것이었다(참고로 그 친구는 법대생은 아니었다). 자세한 사정은 모르지만 얼핏 듣기로는 아버지가 일찍 돌아가시고 집안이 넉넉하지 않아 그 친구가 가장 역할을 한다고 했다.

그런 이유 때문이었는지 그 후배는 결국 꿈을 접고 회사원이 되었다. 대학에 입학했을 때부터 꿈을 이루고자 하는 의지가 강했기 때문에 기업에 입사하여 회사 생활을 한다는 소식을 들었을 때는, '역시 현실의 벽은 무시할 수 없구나', '결국 자신의 간절한 꿈을 포기하고 현실과 타협했구나'라는 생각을 했다.

그러다 몇 년 전 새로운 소식을 들었다. 그 후배가 독하게 마음먹고 회사를 그만둔 후 로스쿨 시험을 준비한다는 것이었다. 나도 그렇고 주변 사람들의 반응도 30세 즈음의 나이에 꿈을 위해 회사를 그만뒀다는 이야기가 마치 큰 모험담처럼 들렸다. 요즘은 대학에 입학하자마자 로스쿨을 준비하는 20대 초반의 어린 친구들이 많기에, 과연 서른 가까운 나이에 그들을 제치고 합격할 수 있을까, 원하는 곳에 갈 수 있을까, 하는 생각을 잠시 했다.

그런데 그 후 들은 소식에 의하면 후배는 SKY 로스쿨 중 한 곳에 합격했으며, 졸업 후 국내 3대 로펌 중 두 군데에 합격하여 그 중 한 곳에 다닌다고 한다. 그 이야기를 들었을 때 자신의 꿈을 향해 한발 한발 나아간 그의 행보가 매우 놀라웠다. 그 후배 이외에도 주변에 직장을 다니다가 로스쿨을 준비하거나, 의학전문대학원에 가거나, 유학을 떠난 사람들이 있기는 하다. 그럼에도 불구하고 그 후배의 사례가 좀 더 특별하게 여겨졌던 것은 안정적인 삶을 포기하기에는 책임져야 할 것들의 무게가 다른 사람들보다 더 무거워 보였기 때문이다.

보통 30대쯤 되면 결혼을 염두에 두기 때문에 기존의 안정된 삶을 포기하고 자신의 꿈을 좇는다는 것이 쉽지 않다. 그래서 꿈을 위해 안정된 삶을 그만둔다는 것이 보기에 따라서는 무모하게 느껴지기도 한다. 게다가 그 후배는 유복한 집안도 아니었기에 처음에는 그 선택이 큰 모험이 아닐까 하는 생각이 들었다. 하지만 그 친구를 보며 자신이 하고 싶은 것을 가로막는 것은 눈앞의 현실이 아니라 자신의 마인드에서 오는 것일지도 모른다는 생각이 들었다.

흙수저라는 생각이 가능성을 가로막지 않도록

몇몇 해외 연구들을 살펴보면 환경이 아닌 생각의 제약이 그 사람의 한계를 만든다는 것을 알 수 있다. 미국의 한 연구에 따르면 대학에 입학하는 1세대(부모는 대학을 나오지 않았고 자녀 세대가 처음 대학에 들어간 경우)들은 대학 2세대에 비해 대학 생활이나 자신의 장래에 대해 더 많이 걱정하고, 그러한 걱정이 그들의 건강이나 학업 성적 등에 악영향을 미친다고 한다.[4] 그러나 그들의 우려와 사고방식을 조금만 바꾸면, 그들의 성과는 대학 2세대들과 크게 다르지 않거나 더 우수했다.

이런 연구들은 개인의 삶을 제한하는 것이 단순히 그들이 처한 상황 자체가 아니라 그 상황을 받아들이는 태도에 있음을 보여준다. 그래서 '흙수저라서 안 돼요'라는 댓글이나 게시글을 볼 때면 흙수저라는 환경이 아니라 흙수저라서 안 될 것이라는 '생각'이 가능성을 가로막고 있는 것은 아닌지 생각하게 된다.

타고난 불평등에 불만을 갖는 것은 당연하다. 나 역시 타인과 비교하며 불평할 때가 있다. 하지만 그러한 생각이 때로는 자신의 가장 큰 제약이 되기도 한다. 당신은 금수저인가, 흙수저인가? 당신이 흙수저라면, 흙수저이기 때문에 안 된다는 생각이 혹시 당신의 성공 가능성을 가로막고 있지는 않은가?

인생은 멀리서 보면 희극,
가까이서 보면 비극

멀리서 보면 사랑, 가까이서 보면 도망

희대의 시트콤 〈지붕 뚫고 하이킥〉에서 부부로 나온 정보석과 오현경이 보여준 한 장면이 지금도 내 머릿속에 뚜렷이 남아 있다.

한 에피소드에서 두 사람은 부부싸움을 한다. 늘 그렇듯 힘과 정신력에서 열세에 몰린 정보석은 도망 다니고, 아내 오현경은 남편을 붙잡기 위해 쫓아간다. 나무 하나를 사이에 두고 뱅글뱅글 쫓고 쫓기는 모습이 멀리서 보기에는 서로 '나 잡아봐라~' 하는 것처럼 행복해 보인다. 이를 멀리서 보던 사람들은 "저 부부는 참 사이가 좋네"라고 웃으며 지나간다.

재미있는 것은 그다음에 뜬 자막이었다. '인생은 가까이서 보면 비극이지만 멀리서 보면 희극이다'라는 찰리 채플린의 명언을 인용한 것이다. 두 부부의 모습은 정말 가까이서 보면 전쟁이지만, 멀리서 보면 행복한 부부 그 자체였다.

남들 눈에 '행복해 보이는' 사람들은 정말 행복할까

SNS를 보면 나 말고 세상 모든 사람들이 행복해 보인다. 원하는 것을 이루고, 원하는 것을 소유하고, 원하는 곳에 가고, 원하는 음식을 먹고 즐거워 보인다. 게다가 '와, 저렇게 사는 사람들도 있구나!'라며 감탄하기도 한다. SNS를 하기 전에는 몰랐던 다양한 삶의 모습에 부러움과 신기함을 느낀다. 생각보다 부유한 사람도 많고, 열심히 사는 사람도 많으며, 마냥 행복해 보이는 사람도 많다.

보통 그런 사진들을 보면 부럽기는 하지만, 그래도 남의 삶이려니 하고 구경으로 끝나는 게 대부분이다. 그러나 내 삶이 만족스럽지 않은 날은 마치 나만 그 행복한 프레임 안에 끼지 못한 것 같다는 생각이 든다. 그러다 우연히 내가 직접 SNS를 해보니 몇 장의 사진에서 보여지는 것이 전부는 아니라는 생각이 강하게 들었다.

나는 우리 집 강아지의 성장 일기를 남기고자 SNS를 시작했다. 처음에는 기록의 의미로 강아지를 처음 데려왔을 때, 처음으로 같이 산책을 나갔을 때, 새로운 장난감을 신기한 듯 가지고 놀 때의 모습을 올렸다. '좋아요'를 눌러주는 사람도 늘어나고, 많지는 않지만 팔로워도 생겼다. 그리고 나 역시 사람들을 팔로우했다.

그렇게 다른 사람의 사진도 구경하고 내 사진도 올렸다. 그런데 어느 순간 내가 SNS에 보여주기용으로 사진을 올리고 있다는 느낌이 들었다. 강아지가 새로 미용했을 때, 새로운 옷을 장만했을 때, 새로운 아이템을 샀을 때마다 사진을 찍어서 올리다가 문득 남편에게 "이거 마치 자랑하고 싶어서 올리는 것 같지 않아?"라고 물어보았다. 남편은 "네가 그렇게 느낀다면 그런 거겠지"라고 답했다. 어느 순간 나는 '우리 강아지는 내 품에서 좋은 거 누리며 행복하게 잘 자라고 있어요', '이런 것도 사용해요'라는 걸 보여주려는 듯이 사진을 올리고 있었던 것이다.

자랑이 아닌 척 사진을 올리는 나 자신을 발견하고는 몹시 부끄러웠다. 내 강아지는 무척 사랑스러운 녀석이지만 이 아이가 항상 예쁜 짓만 하는 건 아니다. 새벽이면 잠을 깨우고, 고집부리기도 하며, 삐질 때도 많다. 가끔 카펫에 오줌을 싸서 여러 번 세탁을 하기도 했다. 그런데 나는 그런 모습들은 쏙 뺀 채 귀엽게 자는 모습, 예쁜 옷 입고 마냥 행복한 모습들만 올리고 있었던 것이다. 그러다 '대체 내가 뭘 하고 있는 거지? 아이의 성장 일기를 올리려고 했던 건데'라는 생각에 여러 장의 사진을 지웠다.

사진 한 장이 말해줄 수 있는 것

대부분의 사람들은 SNS에 나름 선별을 거친 예쁜 모습, 좋은 모습, 행복한 모습들만 올린다. 굳이 자신의 추한 모습, 안 좋은 모습, 힘든 모습을 올려 '나는 당신들보다 불행해요'라는 것을 밝히고 싶어 하지 않는다. 위로가 필요한 순간이 아닌 한 대부분의 개인 SNS 사진들은 행복해 보인다. 어떨 때는 서로 경쟁하듯이 행복을 자랑하는 것 같기도 하다.

그러나 아주 단순하게 생각해봐도 알 수 있듯이 한 장의 사진이 그 사람의 삶 전체가 행복하다는 것을 증명하지는 못한다. 도리어 그러한 사진을 통해 자신이 행복하다는 사실을 증명받지 않으면 두려운 것일 수도 있다. 그게 나쁘다는 건 아니다. 자랑하고 싶고, 칭찬받고 싶고, 좋은 말을 듣고 싶은 건 인간의 당연한 욕구다. 다만 자신의 행복을 타인의 손가락에 맡기고 있는 것은 아닌지 스스로 한 번 돌아봤으면 한다.

시트콤 속 부부처럼 나무 하나를 사이에 두고 술래잡기를 하는 모습은 마치 멀리서 보면 사랑의 장난 같지만, 사실은 전혀 반대 상황이었다. SNS 속 사진도 그렇다. 당신 눈 앞에 보여지는 것이 전부는 아니다. 그러니 사진 속 사람들만큼 행복하지 못하다고 괴로워하지 마라. 한 장의 사진이 개인의 삶 전체를 말해주지는 않는다.

행복하지 못할까 봐 두려웠다

만약의 행복

나는 늘 행복하고 싶었다. 지금도 행복하고 싶고, 앞으로도 행복하고 싶다. 행복하고 싶지 않은 사람이 어디 있겠는가. 행복의 정의는 사람마다 다르지만 대부분 행복하고 싶어 한다.

우리는 행복하기 위해 목표를 가지고 노력한다. 때로는 그것이 살아가는 의미가 되기도 한다. '일단 취업만 하면 행복할 거야', '결혼만 하면', '대학만 붙으면'……. 그런 전제 속에서 취업, 결혼, 대학 입학 등을 하기 위해 노력한다. 그것만 달성되면 행복해질 줄 알고 말이다.

그러나 '오래오래 행복하게 살았습니다'라는 결말은 동화 속 이야기일 뿐이다. 대학에 입학한다고 해도, 취업을 한다고 해도 행복이 보장되는 것은 아니다. 그러니 많은 직장인들이 가슴 한편에 사직서를 품고 다니는 것이 아니겠는가. 이에 어떤 학자들은 말한다. 행복은 목적이 아니라 수단이라고. 행복이란 인간 최후의 목적지가 아니라 우리를 생존하게 만드는 수단이라고 말이다.

새우깡을 얻기 위한 행복

심리학자 서은국의 《행복의 기원》(21세기북스, 2014)에서는 행복의 본질이 "개가 서핑을 하도록 만드는 데 필요한 새우깡"이라고 한다.

일반적으로 개들은 서핑을 할 줄 모른다. 심지어 우리 집 강아지는 물에 닿는 것도 싫어한다. 개들은 굳이 서핑을 좋아하지도 않을뿐더러 살아가는 데 필요하지도 않다.

그러나 새우깡을 보상으로 줌으로써 서핑을 가르칠 수 있다. '새우깡'은 서핑을 훈련시키기 위한 강력한 보상이자 강화물이 된다. 그렇게 개는 서핑이 좋아서가 아니라 '새우깡'을 얻기 위해 묘기를 익힌다.

인간에게는 '행복'이 '새우깡' 역할을 한다. 《행복의 기원》에 따르면, 개가 새우깡을 얻기 위해 서핑을 배우듯이 인간은 행복을 얻기 위해 산다. 따라서 행복의 본질은 삶의 종착지이자 결말이라기보다는, 인간이 살아가게 만드는 보상이자 강화물에 가깝다고 할 수 있다.

'○○만 한다면' 과연 행복할까

많은 사람들이 '○○만 하면 행복할 텐데' 혹은 '○○이 되면 행복할 텐데', '○○을 가지면 행복할 텐데'라고 생각한다.

여기서 당신의 ○○은 무엇인가? 내가 원하는 ○○들은 다양했다. 대학에 붙으면, 대학원을 졸업하면, 교환학생이 되면, 취직을 하면, 결혼을 하면, 돈을 벌면, 여행을 가면, 혹은 게임에서 랭킹에 들어 희귀 아이템을 얻으면…….

나의 ○○들은 나를 노력하게 했고, 때로는 살아가게 했으며, 지금보다 나를 성장시켰다. 그러나 동시에 나를 힘들게 했다. 아직 도달하지 못한 것들에 대한 갈망과 두려움으로 힘들었고, ○○을 얻은 후에 오는 허탈감으로 괴로웠다. 내가 간절히 원하는 것을 얻었는데도, 생각한 것만큼 행복하지 않은 경우도 많았다. 그럴 때면 나는 다시 새로운 목표를 설정했고, 그 목표를 이루면 행복할 것이라고 착각했다.

그는 '지킬'이 될까

간혹 간절히 무언가를 원하면서도 막상 그것을 가지려고 하지 않는 사람들이 있다. 정확한 이유는 모르지만 왠지 원하는 것을 이루고 나면 더 이상 어디로 가야 할지, 뭘 해야 할지, 앞으로의 방향성을 잃어버릴지 모른다는 두려움 때문인 것 같다.

20대 시절 나는 뮤지컬을 좋아했다. 그 당시 좋아했던 뮤지컬 배우 중 한 명이 엄기준이었다. 가끔 팬카페에 들어가서 그의 일정을 확인하거나 후기나 사진들을 보곤 했는데, 당시 무엇보다 인상적이었던 것은 그의 팬클럽 이름이었다. 엄기준의 팬클럽 이름은 '지킬앤지키리'였는데, 이유는 그가 가장 하고 싶어 한 인생 작품이 〈지킬앤하이드〉였기 때문이다. 그 당시에도 공연이나 뮤지컬 쪽에서 어느 정도 인지도가 있는 배우였기에 언젠가는 이룰 수 있을 거라고 생각했다.

그런데 이상하게 나는 막상 그가 '지킬' 역할을 할 기회가 생기면 도리어 하지 않을 거라는 생각이 들었다. 그리고 혹여나 한다고 하더라도 그토록 간절히 원하는 역할을 한 후 그는 또 무엇을 향해 나아갈까 하는 궁금증이 들었다.

메카에 가지 않는 이유

파울로 코엘료의 《연금술사》에서 주인공 산티아고는 여행을 떠난다. 그리고 그 과정에서 사기꾼을 만나 가진 돈을 모두 잃게 된다. 그 후 그는 한 크리스털 상점 주인을 만나게 되고, 산티아고는 여행을 위해 한 달 정도 그 가게에서 일한다.

어느 날 상점 주인은 산티아고에게 왜 피라미드를 찾으려고 하느냐고 묻는다. 산티아고는 '그냥 보고 싶어서'라고 대충 말하며, 상점 주인에게 당신은 이해하지 못할 거라고 한다. 왜냐하면 산티아고는 상점 주인이 한 번도 여행하는 꿈을 가져보지 못했을 것이라고 생각했기 때문이다. 산티아고는 그가 그저 자신의 가게를 운영하며 살아가는 것에 만족하는 사람 중 하나라고 여겼다.

그런데 이틀 뒤 상점 주인은 산티아고에게 여행 이야기를 다시 꺼낸다. 그리고 자신 역시 여행하는 꿈을 가졌었다고 말한다. 모든 이슬람 신도들이 지켜야 할 의무 중 하나는 성지 순례인데, 자신도 성지 메카로 순례 여행을 떠나기 위해 젊은 시절부터 이 가게를 시작하게 됐다는 것이다. 산티아고는 여유가 생긴 후에는 왜 메카에 가지 않았는지를 물었고, 늙은 상점 주인은 다음과 같이 말했다.

"왜냐하면 내 삶을 유지시켜주는 것이 바로 메카이기 때문이지. 이 모든 똑같은 나날들, 진열대 위에 덩그러니 얹혀 있는 저 크리스털 그릇들, 그리고 초라한 식당에서 먹는 점심과 저녁을 견딜 수 있는 힘이 바로 메카에서 나온다네. 난 내 꿈을 실현하고 나면 살아갈 이유가 없어질까 두려워."

- 파울로 코엘료, 최정수 역, 《연금술사》, 문학동네, 2001

삶의 여유가 생긴 후에도 그가 메카에 가지 않은 이유는 간절한 꿈을 실현하고 나면 더 이상 살아갈 이유가 없어질까 봐 두려워서였다고 한다. 나는 상점 주인의 말에 완전히 동의하지는 않지만 조금은 이해되기도 했다.

시간이 지나 배우 엄기준이 〈지킬앤하이드〉의 최종 오디션을 남겨두고 포기했다는 이야기를 들었다. 아직 자신의 실력이 부족한 것 같으니 좀 더 실력을 쌓은 후 도전하고 싶다는 게 이유였다.

내가 생각했던 이유와는 다르지만, 어렴풋이 이전에 예측한 것과 같은 결과에 여러 감정이 들었다. 그가 최종 오디션을 보고 지킬 역할을 했다면 그다음에 그는 어떤 삶을 살아가고 있을까?

행복이란 단순히 목표에 도달한 후 맛보는 달콤한 결과물이 아니다. 도달 후의 즐거움은 있지만 그 즐거움은 생각보다 짧다. 많은 사람들은 자신의 간절한 꿈이 이루어지면 행복할 거라고 생각한다. 그럼 그다음에는 무엇이 기다리고 있을까?

목표에 도달한 후 새로운 꿈을 다시 설정하면 되지 않느냐고 할 수도 있겠지만, 너무도 간절한 꿈을 이룬 다음 그만큼의 삶의 원동력을 다시 설정하기가 과연 쉬울까?

그래서 행복이란 도달하면 맛볼 수 있는 것이 아니라 우리를 살아가게 하는 새우깡일지 모른다는 것이다. 삶의 목표가 아니라 삶을 살아가게 하는 보상이자 강화물 말이다.

어떤 선택이든 좋은 결과는 내 마음이 만든다

90년대 인기 가수, 역술인 되다

얼마 전 SBS플러스 예능 프로그램 〈강호동의 밥심〉에 역술인 최제우가 나왔다. 지금은 역술인 최제우이지만, 사실 그는 1990년대 엄청난 인기를 끌었던 가수였다. 그 당시 가요계가 남성 그룹 중심이었음에도 불구하고, 그는 솔로 가수로서 다른 남성 그룹들과 견줄 만큼 인기가 많았다. 게다가 그가 하는 대부분의 것들이 학생들 사이에서 유행했다. 이번에 프로그램을 보면서 알게 된 것이지만, 교복 안에 후드티를 처음 입기 시작한 것이 그였다고 한다.

인기 절정을 달리던 그는 어느 날 갑자기 자취를 감추었다. 그리고 십몇 년이 지나 역술인 최제우로 돌아왔다. 젊었을 때도 워낙 돋보이는 외모였기에 최근 TV에 등장한 그를 알아보기는 쉬웠다. 다만 이름이 달라 그가 1990년대 최창민이라는 가수가 맞는지 바로 연결되지는 않았다. 그래서 저 잘생긴 역술인이 인기 가수 최창민이었다는 사실을 알고는 꽤 놀랐다. 지금 10~20대 친구들이 좋아하는 남자 아이돌 가수가 갑자기 자취를 감추더니 십몇 년쯤 지나 역술인으로 다시 TV에 나타난 것이라고 하면 좀 더 이해하기 쉬울지 모르겠다.

사실 연예인으로 활동하다가 무속인이 되는 경우를 종종 보았기에 그 역시 비슷한 사례 중 하나겠거니 했다. 그런데 최근 〈강호동의 밥심〉에 나와 그가 살아온 이야기를 들으며 몹시 놀라기도 했고, 어떤 의미에서는 매우 대단하다고 느꼈다.

역술인이 된 이유

곱상한 외모와는 달리 그는 매우 가난한 어린 시절을 보냈다. 열일곱 살 차이 나는 형이 그를 위해 대학을 포기했고, 아기 때는 분유가 비싸서 그보다 싼 커피우유를 마셨다고 한다. 게다가 초등학교 때는 시체 닦기나 인분 옮기기 등의 아르바이트도 했다고 한다. 프로그램 보조 진행자 남창희는 그의 이야기를 들으며 같은 시대를 살았음에도 너무나 다른 시대의 이야기처럼 들린다고 말했다. 나 역시 아버지나 할아버지 세대의 이야기처럼 낯설게 느껴졌다.

아무튼 그는 어릴 때부터 가난으로 고생하다 가수로 큰 인기를 누리게 되었다. 그런데 소속사 사장의 사기로 빚을 떠안게 되었고, 결국 그 빚을 갚기 위해 연예계에서 자취를 감추고 일용직으로 3년간 일하며 빚을 갚았다고 한다.

사실 여기까지는 한 사람의 굴곡진 삶을 보여주는 이야기라 여겼고, 시청자의 입장에서 그저 안타깝다고만 생각했다. 그러나 뒤이어 그런 삶을 받아들이는 그의 태도는 매우 감탄스럽고 존경스러웠다.

힘든 시절 그는 우연히 점집에 갔는데, 무속인이 자신을 보자마자 '이미 죽었어야 할 사람이 아직 살아 있네?'라는 말을 했다고 한다. 이에 그는 무속인에게 사주 공부를 하면 자신의 삶을 이해할 수 있는지 물었고, 그렇다는 말에 명리학 공부를 시작하게 되었다고 한다. 그리고 왜 자신의 삶이 그렇게 힘들었는지, 삶의 흐름이라는 부분을 어떻게 봐야 할지를 이해하게 되었다는 것이다.

보통 사람들이라면 사주를 통해 자신의 삶을 알게 된다고 해도 자신의 운명을 원망할 텐데, 그다음 그가 한 말은 도리어 반대였다. 공부를 통해 자신을 들여다보고, 삶의 흐름을 알게 되니 그 후로는 크게 화나는 일도 없고, 타인에 대한 원망도 사라졌다는 것이다. 자신의 삶을 온전히 자신의 것으로 받아들이며 도리어 원망이 아닌 수용이 가능해졌다는 것이다.

늦은 건 누구 탓일까

자신의 삶을 수용한다는 것은 생각보다 쉽지 않다. '잘되면 제 탓, 못 되면 조상 탓'이라는 말이 있듯이 삶이 내 뜻대로 되지 않을 때 사람들은 무언가 탓할 거리를 찾는다. 예전에 그와 관련하여 어머니께서 다음과 같은 예를 들었다.

당신이 지금 운전을 하고 있고, 옆 좌석에 친한 친구가 있다고 하자. 목적지를 향해 차를 몰고 가는데 옆에 앉은 친구가 지금 가는 길보다 훨씬 빠른 지름길을 안다고 그리로 가자고 한다. 그래서 당신은 친구의 말에 따라 경로를 바꾼다. 그런데 길이 막히는 바람에 도리어 원래 도착 시간보다 1시간이나 늦었다. 이 경우 늦게 도착한 건 누구 때문일까?

나는 "옆자리에 앉은 친구 녀석 때문이지"라고 답했다. 어머니는 그런 내 대답에 다음과 같이 말씀하셨다.

"친구가 어떤 길을 제시하든 운전대를 잡고 있는 사람은 너란다. 그러니 친구의 말을 듣고 방향을 바꿀 건지, 아니면 네가 원래 가려던 길을 갈 건지는 너에게 달린 거야. 인생도 그래. 사람들은 끊임없이 상황이나 다른 사람 탓을 하지만, 어떤 선택을 할지는 결국 자신이 결정하는 거야. 주변 사람이 권유했든, 다른 이유가 되었든 스스로 선택한 것이니 어떤 결과든 세상이나 다른 사람들을 너무 원망하지는 말렴. 그렇게 네 인생을 타인의 손에 내던지는 사람이 되지는 마."

여기에 대한 당신의 대답은 무엇인가? 혹시 당신도 나처럼 자신의 삶을 타인의 손에 내던지고 있었던 것은 아닌가?

인생이라는 초콜릿 상자에서 어떤 초콜릿을 꺼내 먹을까

우리는 끊임없이 주변 사람들이나 사회적인 문제들에 영향을 받는다. 이때 어떤 사람들은 그 상황을 저주하고 원망한다. 반면 또 다른 사람들은 똑같은 상황에서도 이를 그저 삶의 한 흐름으로 받아들인다. 영화 〈포레스트 검프〉의 유명한 대사처럼 인생은 초콜릿 상자와 같고, 어떤 초콜릿을 꺼내 먹을지 모르지만, 그게 무엇이 되었든 그저 최선을 다해 살아가는 것이다.

〈포레스트 검프〉의 대사를 잇듯이 드라마 〈내 이름은 김삼순〉에서 주인공 김삼순이 면접 자리에서 한 말이다.

"인생은 초콜릿 상자와 같아요. 어떤 초콜릿은 달고, 어떤 초콜릿은 쓴 럼주가 들어 있죠. 제가 어떤 초콜릿을 집게 될지는 아무도 몰라요. 하지만 지금까지 쓴 럼주가 든 초콜릿은 다 먹었다고 생각하고 앞으로 제 초콜릿 상자의 남은 초콜릿 모두 달콤했으면 좋겠어요."

그동안 나의 선택들이 항상 최상이었다고 생각하지 않는다. 도리어 그렇지 않은 선택이 더 많았다. 나는 가끔 그 선택들을 다시 떠올리며 후회하기도 하고, 나에게 상처 준 사람들을 미워하기도 했다. 하지만 돌아보면 스티브 잡스의 말처럼 인생은 '점들의 연결(Connecting The Dots)'이었다. 아무 관련 없어 보이는 과거와 현재, 그리고 미래는 늘 연결되어 내 삶에 영향을 미쳐 왔다. 그러나 그 경험이 긍정적인 영향을 미칠지, 혹은 부정적인 영향을 미칠지를 결정할 수 있는 것은 다름 아닌 나 자신이었다.

나는 걱정이 많은 성격이라 항상 필요 이상의 고민을 달고 산다. 멍청한 선택도 했고, 바보 같은 길로 갈 때도 있었다. 그러나 생각해보면 그런 경험들이 있었기에 그때보다 더 나은 길을 걸어갈 수 있었다. 그 경험들이 그저 지워버리고 싶은 상처이기만 한 것이 아니라, 도리어 더 나은 선택을 하도록 이끌었던 것이다. 그래서 행복한 인생이란 항상 즐겁고 아름답기만 한 것이 아니라,

쓴 럼주가 든 초콜릿을 먹으며 현재의 달콤함과 앞으로 남아 있을 달콤함을 즐길 줄 아는 것이라는 생각이 들었다.

당신의 선택을 어떻게 바라볼 것인가

삶은 항상 달콤하지만은 않다. 도리어 쓰다고 느낄 때가 더 많다. 앞으로 당신이 무엇을 선택할지 지금은 알 수 없다. 또 그 선택이 최상이었는지도 시간이 지나서야 알게 될 것이다. 다만 우리가 어떤 선택을 하든, 어떤 결과가 주어졌든 그것을 좀 더 유연하게 바라볼 수 있기를 바란다. 단순히 행복과 불행이라는 이분법으로 나눌 것이 아니라, 행복인지 불행인지 모를 선택과 결과들이 당신의 삶을 어떠한 방식으로 이끌 수 있을지를 생각해봤으면 한다.

2장

마음먹기에 달렸다는 헛소리는 이제 그만

세상 못 믿을 놈은 정작 나 자신이다

세상에서 자기 자신만큼 속이기 쉬운 대상은 없다

사람들은 말한다. "세상에 믿을 사람 없다." "자기 자신 말고는 아무도 믿지 마라." 정말 그럴까? 세상에 믿을 수 있는 타인이 있는지 없는지에 대해서는 섣불리 단정할 수 없다. 그렇다면 타인을 제외한 나 자신은 정말 100퍼센트 믿어도 되는 걸까?

이건 단순히 개인의 신뢰도 성향을 묻는 것이 아니다. '나는 신뢰를 중요시하는가'의 문제와도 다르다. 대부분의 사람들은 자신을 믿을 수 있는 사람, 신뢰할 수 있는 사람이라고 생각한다. 나도 그렇다. 그러나 어떤 측면에서 우리는 세상에서 가장 속이기 쉬운 대상이 자기 자신임을 받아들여야 한다.

다이어트를 계획 중이라고 하자. 다이어트가 필요 없는 사람이라면 담배 끊기나 술 끊기, 혹은 쇼핑을 줄이고 저축 늘리기, 게임 시간을 줄이고 책 많이 읽기 등의 목표도 좋다. 매년 초 계획을 세우지만 거의 지키지 못하는 새해 약속들을 떠올리면 된다. 처음 며칠에서 몇 주, 길게는 몇 달간 우리는 스스로에게 한 약속을 지키기 위해 노력한다. 운이 좋으면 한동안은 계획한 바를 잘 이루어갈 것이다. 그러나 목표를 달성하는 과정에는 항상 크고 작은 고난과 유혹이 따르기 마련이다.

결혼 후 내 몸무게는 8킬로그램 이상 늘어났다. 그전까지 내 인생 최대 몸무게는 고3 시절이었는데 이제는 그 시절을 뛰어넘어 버렸다. 그동안 살이 찌지 않을 수 있었던 것은 나름 예민한 성격과 어머니의 충고 어린 조언 덕분이었다. 그런데 결혼을 하니 그런 환경적 요인들이 80퍼센트 이상 사라졌다.

어머니는 젊은 시절부터 취미로 운동을 하며 체중 변화에 신경을 쓰시곤 했다. 그래서 어릴 때부터 내가 조금만 살이 찌면 사랑의 잔소리를 했다. 살을 빼는 데 엄마의 잔소리만큼 특효약도 없었다. 조금 체중이 늘어났을 때 냉장고 문을 열면 어머니는 말하셨다.

“그렇게 먹으니까 살이 찌지.”

같은 이야기를 반복적으로 듣다 보면 세뇌가 된다. 그리고 '내가 이런 말까지 들으면서 꼭 이걸 먹어야 하나'라는 생각이 들면서 식욕이 사라진다. 그런데 결혼을 하고 나니 그런 잔소리를 해주는 사람이 없다. 남편은 살찐 게 더 낫다고 하고, 시부모님도 예전보다 지금이 더 보기 좋다고 하셨다. 그래서 마음껏 먹었다. 이것저것 먹고 싶은 대로 먹고, 야식도 먹고, 살찌기 쉬운 밀가루, 단 음료, 기름에 튀긴 음식 등 다양하게 섭취했다. 심지어 나물 반찬은 마치 테이블 위의 인테리어처럼 바라보며 젓가락을 갖다 대지도 않았다.

그런 내가 '살이 정말 쪘구나'라고 느낀 건 아버지의 말 때문이었다. 어머니가 나에게 체중에 관한 잔소리를 30년 가까이 할 동안 아버지는 단 한마디도 거든 적이 없었다. 도리어 "우리 딸 괜찮아. 지금이 예뻐"라고 할 뿐이었다. 그런데 최근 아버지가 살을 좀 빼는 게 좋겠다고 말씀하셨다. 친정에 가면 어머니가 이것저것 음식을 챙겨주실 때 아버지께서 튀김류는 살이 찔 수 있으니 가져가지 말라고 하셨다. 별것 아니지만 그 순간 나름 큰 충격을 받았다. 한 번도 살 빼라고 한 적 없는 아버지였기에 더욱 그랬다. 그때 나는 정말 살을 빼야겠다는 결심을 했고, 그렇게 기나긴 다이어트가 시작됐다.

"거 먹기 딱 좋은 날씨네"

그런데 내 나이 30대 중반이 되니 살이 안 빠진다. 코로나19로 집콕을 하며 확진자가 아닌 흔히 말하는 '확찐자'가 되어가는 것도 모자라, 식단도 엉망이었으니 당연한 결과였다. 예전처럼 몇 끼 굶으면 빠지겠거니 했는데, 양을 줄이거나 간헐적 단식을 해도 체중의 변화가 없었다. 그래서 전에는 관심을 가져본 적도 없는 다이어트 약까지 구매했다. 체중 감량에 좋다는 약들을 사는 데 꽤 많은 돈을 썼다. 이전 같으면 '저런 게 무슨 효과가 있겠어'라고 생각했을 텐데, 어느 순간 최대한 힘들이지 않고 살을 뺄 수 있는 방법을 찾고 있었다.

운 좋게 체중이 조금 빠진다고 해도 유혹은 항상 예고 없이 손을 내밀었다. 잘 조절하다 어느 순간 충동을 참지 못하고 폭식했다. 그러고 나서는 자괴감을 느끼지 않기 위해 나의 행동을 합리화했다. '오늘은 스트레스를 너무 많이 받았으니까', '이번 주는 너무 바쁘니까 다음 주부터 제대로 식단을 챙겨 먹는 거야', '오늘은 누구누구의 생일이니까', '오늘 야식을 먹는 건 내일부터 본격적으로 다이어트를 하기 위한 전야제 같은 거야', '사실 나는 양력 1월 1일이 아니라 음력 1월 1일부터 계획을 시행하려고 했어' 등으로 말이다.

유혹에 흔들려 약속을 지키지 못한 자신을 합리화하고, 내일부터는 잘 지키겠다고 결심했다. 그러나 결국 상황은 반복되었고, 나중에는 스스로에 대한 실망감과 자괴감으로 카드명세서를 보며 '이 많은 약들을 왜 샀을까?' 자책했다.

그렇다고 다이어트를 위해 내 이성적 사고가 아무것도 안 한 건 아니었다. 내 이성은 돌진하려는 식욕을 억누르거나 달래보려고 했다. 그러나 이성은 식욕을 이기지 못할 때가 더 많았다. 그래서 좌절하고는 했는데, 알고 보니 이유는 간단했다. 처음부터 이성은 욕구를 통제하기 위해 등장한 것이 아니기 때문이었다. 애초에 둘은 한편이었는데, 나는 그 둘이 서로 대립 관계에 놓여 있다고 착각한 것이다. 그렇게 '마음먹기에 달렸다'는 헛소리를 믿으며 스스로를 패배자처럼 몰아세웠다. 세상에서 가장 속이기 쉬운 대상이 바로 '자기 자신'이라는 것도 모르고 말이다.

세상에서 가장 먹기 힘든 것은 마음이다

다이어트뿐 아니라 우리는 많은 일을 할 때 곧잘 '마음먹기에 달렸다'고 말한다. '내가 마음만 먹으면', '우리 아이가 공부할 마음만 먹으면'이라며, 마치 쉽게 할 수 있는데 단지 하지 않은 것뿐이라고 말한다.

그러나 마음먹기만큼 힘든 게 없다. 마음먹은 상태를 유지하는 것은 훨씬 더 어렵다. 왜냐하면 우리의 이성과 감성은 처음부터 그렇게 생겨먹지 않았기 때문이다. 그러면서도 우리는 끊임없이 '마음만 먹으면 돼'라고 스스로를 달래며 실패와 결심을 반복하고, 결국 패배 의식에 빠진다.

그래서 알아야 한다. 당신이 마음먹은 대로 유지하기 힘든 이유는 당신이 나약해서가 아니라고, 이성과 욕구가 처음부터 그렇게 만들어졌기 때문임을 말이다.

기수가 탄 것은 코끼리가 아니었다

코끼리와 기수

한 남성이 화려하게 치장한 코끼리를 타고 있다. 고삐를 쥔 남자는 자신이 원하는 방향으로 코끼리를 이리저리 움직일 수 있을 것만 같다. 그렇다면 과연 코끼리와 남자, 둘 중 누가 누구의 주인일까? 코끼리를 움직이는 것은 남자일까, 아니면 남자는 그저 코끼리가 움직이는 대로 따라가는 것뿐일까?

'코끼리와 기수'에 대한 질문은 인간의 이성과 욕망, 의식과 무의식의 관계를 빗대어 이야기할 때 많이 쓰인다. 여기서 코끼리는 욕망과 무의식을 나타내고, 기수는 이성과 의식적 사고를 뜻한다. 많은 사람들은 이성적 사고인 '기수'가 우리의 욕망을 대변하는 '코끼리'를 움직이는 주인이라고 여긴다. 코끼리보다 작은 기수가 코끼리보다 훨씬 큰 권한과 능력을 가지고 있다고 생각하는 것이다. 사람들은 기수가 원한다면 언제든지 코끼리가 방향을 바꿔 다른 길로 갈 수 있을 것이라고 믿는다. 그것이 얼마나 어리석은 생각인 줄도 모른 채 말이다.

말 탄 사람은 언제든 떨어질 준비가 된 자다

코끼리는 그렇다 치고 말을 타본 적 있는가? TV 프로그램이나 영화에서 봤음직한 멋있는 모습을 떠올리겠지만, 높은 안장에 앉아 말의 고삐를 쥐고 있으면 초보자들은 긴장감으로 심장박동이 빨라진다. 말에 익숙해지면 어떨지 모르지만, 그전까지는 자신의 의지와 상관없이 언제든 떨어질 준비(?)가 되어 있다.

일본에 교환학생으로 있을 때, 학교 승마부에 들어가 체험을 한 적이 있다. 동아리 부원들의 도움으로 첫날부터 말을 탈 기회가 있었는데, 상상했던 것보다 올라타기도 힘들고, 말이 한 걸음 한 걸음 내디딜 때마다 떨어지지 않을까 하는 두려움에 고삐를 쥔 손이 땀으로 흥건했다. 그럼에도 대학 동아리에서 승마를 배운다는 것은 흔치 않은 경험이었기에 가입을 고민했지만 결국 가입하지 않았다. 왜냐하면 승마부에 들어간다는 건 단순히 말을 탄다는 것만을 뜻하지는 않았기 때문이다.

승마부원이 되면 말 타는 것을 배울 뿐 아니라 말 관리도 담당해야 한다. 새벽에 일찍 나와서 식사를 챙겨주고, 마구간을 청소하는 등 이것저것 할 일이 많다. 주말이라고 해서 말이 밥을 안 먹는 것은 아니기에 주말마다 부원들이 돌아가면서 말을 돌봐야 했다.

이른 새벽에 나가 말과 교감을 나누고 챙긴다는 건 아침잠이 많은 나에게는 무리였다. 게다가 체험 삼아 탄 말의 걸음이 빨라질수록 언젠가 한 번은 떨어져 크게 다칠 수도 있겠다는 두려움이 들었다. 다치지 않을 가능성이 크더라도 그런 자기최면은 자신도 모르게 사고를 만드는 법이다. 아무튼 승마 체험을 하던 날 나는 기수와 말의 관계에서 기수가 '갑'이 되기 위해 얼마나 많은 노력과 시간이 필요한지 느꼈다.

우리는 멋지게 말을 타고 달리는 사람들을 보며 당연히 기수가 말의 주인이라고 착각한다. 말의 주인처럼 보이기까지 얼마만큼의 노력과 연습, 시간이 필요한지는 고려하지 않는다. 설사 기수가 주인이 되었다고 해도 말을 100퍼센트 통제할 수 있는 것은 아니다. 변수는 항상 존재하고, 사소한 실수로 인해 말에서 떨어지는 것은 정말 한순간이다.

사람의 마음도 그렇다. 코끼리에 올라탄 기수처럼, 혹은 말을 탄 기수처럼 인간은 이성적 사고(기수)가 욕망(코끼리, 말)을 통제하는 주인이라고 착각한다. 이성적 사고의 힘을 과대평가하는 것이다.

이성과 욕망의 끊임없는 갈등 속에서 이성을 우위에 둔다. 그리고 나의 이성이 욕망을 절제할 수 있을 것이라고 믿는다. 그렇기에 너무도 사소한 유혹에 한순간 무너지는 사람들을 보며 비난하고, 때로는 그런 자신을 책망하기도 한다. 그리고 자신과 달리 유혹을 이겨낸 사람들을 넘사벽(넘을 수 없는 사차원의 벽)이라 부르며, 자신은 삶의 실패자 자리로 밀어 앉힌다.

그러나 코끼리에게 진 자신을 너무 비난하거나 비하하지 말자. 이성과 욕망의 관계를 알면 욕망이 이성을 이기는 것은 당연하다. 기수가 코끼리를 길들이는 것보다 이성이 욕구를 통제하는 일이 훨씬 어려운 것임을 이해하라. 왜냐하면 처음부터 이성은 욕구를 통제하기 위해서가 아니라 그를 돕기 위해 등장했기 때문이다.

우리는 파충류의 뇌로 생존한다

많은 사람들은 이성과 감성이 충돌할 때 일단 마음을 진정하고 '이성적으로' 생각하라고 한다. 지금까지 많은 철학자들은 감성이나 욕구를 하등한 것으로 보고, 이성적 사고를 더 가치 있는 것으로 여겼다. 인간은 '이성'을 가진 존재이기에 이성이 없는 동물과 구분되었다. 그렇게 이성은 오랜 세기 동안 감성과 욕구 위에 군림했다. 나 역시 스물한 살까지는 이성이 감성보다 우위에 있다고 믿었다. 그래서 좀 더 이성적인 인간으로 살기 위해 자신을 비난하며 채찍질하곤 했다.

그러나 심리학 수업 때 폴 맥린(Paul MacLean)의 삼중 뇌구조에 관한 이야기를 듣고는 생각이 조금 달라졌다. 보통 우리는 이성이 감성보다 우위에 있다고 생각하지만, 그 당시 교수님의 말씀에 따르면 뇌의 진화적 발달 과정에서 이성은 가장 늦게 등장했다고 한다. 비유적으로 보자면 '욕구'는 100세 넘은 할아버지고, '이성'은 태어난 지 얼마 안 된 갓난아기에 불과했다.

폴 맥린에 따르면 뇌의 발생 순서에서 맨 처음 생겨난 곳은 생존을 위한 뇌(파충류의 뇌)다. 그다음이 감정 중심의 포유류의 뇌고, 마지막으로 생겨난 것이 이성적 판단을 하는 영장류의 뇌다. 파충류의 뇌(욕구 중심)와 포유류의 뇌(감정 중심)에 비해 영장류의 뇌(이성 중심)는 가장 마지막에 발생한 것이다.

교수님의 설명에 따르면 철학에서는 이성을 감성과 욕구보다 우위에 두지만, 인간의 뇌 발달은 그 반대로 일어났다고 한다. 이성이 아닌 욕구와 감성이 먼저 등장했으며 그것이 수억 년 동안 생명체를 유지해왔다는 것이다. 그리고 수백만 년 전 이성이 새롭게 등장했고, 갑자기 등장한 어린 샛별은 단숨에 욕구와 감정 위에 군림하는 존재로 대우받았다.

욕망의 변호사

다시 '코끼리'와 '기수'를 떠올려보자. 대부분의 사람들은 기수가 코끼리를 움직인다고 생각한다. 그러나 실제로 방향을 이끌어가는 것은 기수가 아니라 코끼리다.

우리는 똑똑한 이성(기수)이 무분별한 감성과 욕구(코끼리)를 절제시키고 제어하는 역할을 한다고 생각한다. 그러나 앞서 말했듯이 '이성의 뇌'란 진화적 측면에서 가장 늦게 발생했으며, 자기보다 나이 많은 감성과 욕구라는 코끼리에게 질 때가 더 많다. 그래서 다윗과 골리앗의 대결처럼 깡마른 이성이 거대한 코끼리를 이길 때 사람들은 넘사벽이라 찬양하며 열광하는 것인지 모른다.

이와 관련하여 조너선 하이트(Jonathan Haidt)는 자신의 책《행복의 가설》(권오열 옮김, 물푸레, 2010)에서 이성을 감성의 '변호사'라고 표현했다. 이성은 욕구와 감정을 통제하기 위해서가 아니라 그들을 돕기 위해 발생했다는 것이다. 이성은 욕구와 감정의 발광을 자신과 타인에게 납득시키고, 그들의 행위를 '변호하기 위해' 등장했다. 철학자 데이비드 흄(David Hume)의 말을 빌리면 '이성'은 감정의 '노예'이자 '시녀' 역할을 하기 위해 뒤늦게 태어난 것이다. 이 얼마나 배알이 뒤틀리는 이야기인가? 이성이 있기에 우리 인간이 동물과 다른 존재라고 생각하는 사람들에게는 너무도 불쾌한 이야기일지 모른다.

살면서 가장 속이고 싶은 대상은 '자기 자신'이다

사랑은 마약이고, 이별의 아픔은 금단 증상일 뿐이다

무엇보다도 나를 이성적 인간과 감성적 인간 사이에서 휘두른 건 연애였다. 연애는 이성만 가지고도, 감성만 가지고도 되는 것이 아니었다. 온탕(감정)과 냉탕(이성)을 오가며 적절한 균형을 잡아야 하는데, 마음대로 되지 않았다. 특히 이별은 더 그랬다. 왜 헤어진 연인에게 '자니?'와 같은 연락을 하는지, 윤종신의 '좋니'라는 노래처럼 한없이 지질해지는지…….

이별 후의 지질함에 대한 심리학적인 이유를 설명하기란 쉽다. 우리의 뇌는 사랑을 할 때 보상 영역이 활성화된다. 그때 도파민, 옥시토신, 코르티솔 등 다양한 호르몬이 분비되는데, 도파민 같은 호르몬은 수치가 높아질수록 극도의 쾌감을 일으킨다. 심할 경우 환각을 보게 되고 충동성을 높인다. 그래서 사랑에 빠지면 상대방의 단점을 보지 못하고, 그가 세상에서 가장 완벽한 사람이라는 환상에 빠진다.

사랑 앞에서는 두려움도 없어지고, 충만한 행복감으로 어쩔 줄 몰라 한다. 마치 마약중독자처럼 말이다. 실제로 갓 사랑에 빠진 사람의 뇌는 마약중독자의 뇌와 상당히 유사하다. 그렇기 때문에 이별이란 약쟁이가 약을 끊는 것과 비슷하다. 담배를 끊을 때 나타나는 금단 현상처럼 이별 후 호르몬의 변화로 상대를 갈망하고 그리워하게 되는 것이다.

나는 이별 후 상대방이 그리울 때면 이 이야기를 떠올리고는 했다. '이건 그저 금단 현상일 뿐이야. 시간이 지나면 호르몬은 안정화될 것이고, 난 또 아무렇지 않게 잘 살아갈 거야.' 머리로는 알고 있었다. 하지만 담배를 끊을 때 머리로 이해한다고 해서 금단 현상이 단박에 사라지지 않듯이 이별도 마찬가지였다. 머리로는 알지만 감정이 따라주지 않았다. 그래서 밤의 감성에 취해 헤어진 연인에게 연락을 하기도 했고, 한잔의 술이 불필요한 용기를 주어 문자를 보내기도 했다.

상대에게 답장이 오든 안 오든 나는 후회했다. 상대에게 연락이 안 오면 쪽팔려서 후회했고, 연락이 오면 어차피 안 될 사이인데 왜 그랬나 싶어서 후회했다. 순간 코끼리(감성)의 발길질을

막지 못하고 문자를 보냈지만, 결국 기수는 코끼리를 말리지 못한 것을 언제나 후회했다. 그러나 기수는 코끼리의 변호사 아닌가. 변호사의 입장에서 의뢰인의 행동이 납득되지 않더라도, 그가 할 일은 자신의 의뢰인을 변호하는 것이다. 그때부터 변호사는 바빠진다. 빠르게 여러 이유들을 둘러대며 자신과 타인을 납득시키려 한다.

'피고인의 문자는 술에 취해 저지른 행동으로서 심신미약의 상태에서 일어난 일'이라는 게 가장 흔한 변호다. 그 외에도 다양한 이유를 갖다 붙인다. 밤이라 감성적이 되어서, 문득 그 사람이 좋아하는 음악을 듣게 돼서, 같이 보던 영화가 TV에 방영하길래, 꿈에 그 사람이 나와서 등……. 끊임없는 변호로 자신의 행위가 정당한 것이었음을 설득시키려 한다. 타인뿐 아니라 자기 자신에게도 말이다.

누워서 떡 먹기만큼 쉬운 자기 자신 속이기

연애에서만 그런 것은 아니다. 일상에서도 우리는 핑계를 잘 댄다. 단순히 타인을 속이기 위해서가 아니라 자신도 속이기 위해서다. 굳이 나 자신을 속일 필요가 있을까 싶지만, 어쩌면 우리가 가장 속이고 싶어 하는 대상은 그 누구보다도 '자기 자신'일지 모른다.

코로나19로 거리 두기를 하면서 깨달은 것이 하나 있다. 나는 원래 엄청난 집순이라는 것이다. 단순히 집을 좋아하는 정도를 넘어 집 밖에 나가는 것을 극도로 싫어했다. 나갈 일만 생기면 감기 증상이 나타났다. 나가기 싫어서 꾀병을 부리는 것이 아니라 '정말' 아팠다. 코가 막히고 몸살 기운에 목도 아프고 37.5도까지는 아니지만 미열도 났다. "나 설마 코로나 아냐?"라는 두려움으로 질병관리청인 1339로 전화도 몇 번 해봤다. 그런데 감기인지 확실하지 않으니 증상이 더 심해지면 다시 연락하라는 답을 받았다.

남편은 그때마다 내 증상이 단순 감기일 것이라고 했다. 사실 나는 계절이 바뀔 때마다 감기에 걸린다. 사계절 내내 감기에 걸리는 체질이기도 했고, 코로나19라고 의심하기에는 내가 너무 집 밖으로 나가지 않았다. 내가 코로나19라면 감염 경로는 남편일 가능성이 높았다. 그러나 그는 너무도 멀쩡했다. 무증상자도 있지 않느냐고도 말해보았지만, 여러 정황상 그건 아닌 것 같았다.

내 증상이 코로나19인지 단순 감기인지는 몰라도 '진짜' 아픈 건지 아닌지를 파악하는 것은 간단했다. 아파서 일정을 취소하고 몇 시간이 지나면 증상은 사라졌다. 아침에는 도저히 정신을 차릴 수 없을 정도로 아팠는데 오후쯤 되면 갑자기 멀쩡해지는 것이다. 그래서 나는 어렴풋이 알았다. 내가 '신체화'라는 심리적 방어기제를 쓰고 있다는 것을 말이다.

마음이 아프면 진짜 앓는다

신체화 증상이란 몸에 별 이상이 없는데도 신체적 증상을 호소하는 것이다. 꾀병과 유사하지만 가장 중요한 부분에서 다르다. 꾀병과 신체화 모두 실제로 몸에는 아무 이상이 없지만, 둘 다 어떤 일을 회피하기 위해 사용한다는 점에서는 유사하다. 그러나 꾀병은 자신이 '진짜' 아프지 않다는 것을 안다. 반면 신체화 증상을 호소하는 사람은 내과적으로 몸에 문제가 없어도 실제로 통증을 느낀다. 의사가 괜찮다고 할지라도 그들은 계속 아프다고 한다. 그리고 정말 그들은 아픔을 느낀다. 꾀병이 타인을 속이기 위한 핑계라면, 신체화는 타인뿐 아니라 자기 자신까지 속이는 것이다.

신체화를 사용하는 이유는 여러 가지다. 타인의 관심을 받고 싶어서일 수도 있고, 어떤 일을 회피하고 싶어서일 수도 있다. 평소에는 무관심한 엄마가 아이가 아플 때만 관심을 보인다면 아이는 신체화 증상을 보일 가능성이 높다. 이때 아이는 '아픈 척'하는 것이 아니라 정말 아프다. 정신이 아니라 몸이 말이다. 그러나 건강에 문제가 있는 것은 아니다. 다만 엄마의 애정이 고파서

'나는 정말 아프다'라고 느끼며 자기 자신까지 속이는 것이다.

아이가 꾀병이 아닌 신체화까지 하는 것은 마음이 약해서일 수도 있고 착해서일 수도 있다. 꾀병은 거짓말이다. 그러니 꾀병으로 엄마를 속이는 것은 아이 입장에서도 미안하고 마음이 편하지 않다. 그래서 정말 자신이 아프다고 믿는 것이다. '나는 정말 아파. 그러니 엄마가 나에게 관심을 보여줘'라는 호소다.

어떤 일을 피하고 싶을 때도 우리는 신체화를 사용한다. 학교에 가기 싫을 때, 혹은 회사에서 중요한 발표를 앞두고 있을 때 신체화 증상을 보이기도 한다. 집 밖을 나가기 싫어하는 내 경우도 여러 가지 이유가 있겠지만, 그중 하나는 '코로나 포비아'일 것이다(어쩌면 이것 역시 내 변호사가 만들어낸 핑계일지 모른다). 건강 염려증처럼 '코로나에 걸릴지도 모른다는 극심한 두려움'으로 인해 외출하지 않을 핑계를 만드는 것이다. 당연히 의식이 아니라 '무의식적'으로 말이다. 문제가 해결되고 나면 증상은 사라지고, 그제야 그것이 신체화 증상이었음을 깨닫는다. 심리학을 공부했음에도 미성숙한 방어기제의 트릭을 쉽게 벗어나지 못하는 것이다.

자신을 속일 수 있는 방법은 얼마든지 있다. 어찌 보면 타인보다 속이기 쉬운 것이 자기 자신일지도 모른다. 자신을 속이기 위해 없는 병까지 만들어내니 말이다. 거기에 속은 이성은 그럴 수밖에 없었노라고 해명한다. 그것이 거짓이었음을 알아도 이성은 '얼마나 힘들고 괴로웠으면 그랬겠냐'고 호소한다. 이런 것을 보면 이성적인 인간이란 감정이나 욕구를 잘 억누르는 사람이 아니라, 감정이나 욕구가 저지른 행동에 더 적절한 이유를 갖다 붙일 줄 아는 사람인지도 모른다.

나는 다이어트 중이다. 그런데 오늘 단 음료와 케이크를 먹었다. 그러나 나는 이것 때문에 다이어트가 실패했다고 생각하지 않는다. 음식에 대한 욕구를 자꾸 억제하면 나중에 폭식할 가능성이 높아진다. 따라서 그런 문제를 미리 예방하고자 적절한 선에서 타협했을 뿐이다. 이따가 1시간 정도 운동을 할 예정이고, 저녁도 적게 먹을 것이다. 그러므로 오늘의 다이어트는 실패가 아니다. 욕구와 이성의 균형을 이루기 위한 탁월한 선택이다.

무슨 헛소리인가 싶은가? 당신의 삶에서도, 그리고 나의 삶에서도 우리는 이런 식으로 끊임없이 합리화를 하며 그럴싸한 이유를 가져다 붙인다. 타인이 아닌 자신을 속이기 위해서 말이다. 그렇다면 왜 자신을 속일까? 대부분의 사람들이 세상에서 가장 믿을 수 있는 사람이 자기 자신이라고 생각하기 때문이다. 그 믿음을 고수하기 위해 가장 속여야 할 대상은 자기 자신일 수밖에 없다.

그런데 뭐 어떤가? 남에게 피해만 주지 않는다면, 내 마음이 편해질 수 있다면 나름대로 괜찮지 않을까? 자신을 속이는 이유는 당신이 약해서일 수도 있지만 착해서일 수도 있다. 어느 쪽으로 바라볼지는 자신의 몫이다.

때때로 우리는 마음 편히 살기 위해 자신과 타협할 필요가 있다. 그리고 오늘도 나는 적당히 나 자신과 타협해보려고 노력한다.

좌뇌는 왜곡과 변명의 천재다

분할 뇌 환자들에게 무슨 일이 벌어질까

인간은 어떻게 변명에 익숙해졌을까? 인간의 뇌는 좌뇌와 우뇌로 나누어져 있고, 그 둘을 연결하는 것이 뇌량이라는 신경섬유 다발이다. 좌뇌로 들어온 정보는 뇌량을 통해 우뇌로 전달되고, 우뇌의 정보 역시 그렇게 좌뇌로 전달된다. 양쪽 뇌의 정보 교류는 너무도 빠르게 이루어지기 때문에 좌뇌와 우뇌의 기능적 차이를 살펴보는 것은 쉽지 않다.

그런데 1960년대 뇌전증 환자들을 대상으로 뇌량절제술이 유행했다. 쉽게 말하면 좌뇌와 우뇌가 정보를 교환하는 다리인 '뇌량'을 끊어버리는 것이다. 뇌량이 절단된 사람들을 보통 분할 뇌(split-brain) 환자라고 하는데, 수술 후 이들은 일상생활을 하는데 큰 어려움을 겪지 않는 것처럼 보였다. 그래서 당시 학자들은 뇌량의 역할이란 그저 양쪽 뇌를 이어붙이는 것에 지나지 않는다고 여겼다.

그런데 로저 스페리(Roger Sperry)와 마이클 가자니가(Michael Gazzaniga)는 이 분할 뇌 환자들을 대상으로 특별한 실험을 했다. 분할 뇌 환자들은 좌뇌와 우뇌가 분리된 상태이기 때문에, 이들을 대상으로 양쪽 뇌의 기능적 차이에 대해 살펴보고자 실험을 진행했다.

뇌는 아무것도 보지 못했다?

좌뇌와 우뇌는 신체와 교차 연결되어 있다. 예를 들어 왼쪽 신체와 왼쪽 시각은 우뇌와 연결되어 있고, 오른쪽 신체는 좌뇌와 연결되어 있다. 따라서 좌뇌에 뇌졸중이 오면 보통 오른쪽 신체에 마비가 오고, 우뇌에 뇌졸중이 오면 왼쪽 신체에 마비가 온다.

이를 바탕으로 로저 스페리와 마이클 가자니가는 분할 뇌 환자의 양쪽 시야에 각기 다른 사물을 보여준 후 무엇을 보았는지 물었다. 먼저 오른쪽 시야(좌뇌)에는 반지를 보여준 후 무엇을 봤는지 물었는데, 언어적 기능을 주로 담당하는 좌뇌는 자신이 본 것이 '반지'라고 답했다. 그다음에는 우뇌(왼쪽 시야)에게는 열쇠를 보여준 후 무엇을 봤는지 물었다. 이 경우 '열쇠'라고 답할 것이라는 일반적 기대와는 달리 환자는 '아무것도 보지 못했다'고 답했다.

환자는 정말 아무것도 보지 못한 것일까? 환자에게 자신이 본 것이 무엇인지 우뇌와 연결된 왼손으로 집어보라고 하자, 그는 눈앞의 사물들 중 '열쇠'를 선택했다. 그러나 다시 환자에게 "당신이 방금 본 것은 무엇인가요?"라고 물으면 그는 여전히 아무것도 보지 못했다고 답했다.

왜 이런 일이 발생할까? 환자의 우뇌는 열쇠를 봤다. 그러나 좌뇌와 우뇌를 연결하는 뇌량이 끊어졌기 때문에, 언어를 담당하는 좌뇌는 우뇌가 열쇠를 봤다는 사실을 알지 못한다. 따라서 연구자가 환자에게 무엇을 보았냐고 물었을 때 환자(정확히 환자의 좌뇌)는 아무것도 보지 못했다고 답하는 것이다.

뇌는 변명하는 데 익숙하다

그들의 또 다른 실험은 좌뇌의 독특한 역할을 발견했다. 연구자들은 분할 뇌 환자들의 좌뇌와 우뇌에게 각기 다른 사진을 보여줬다. 그다음 그와 관련된 그림을 선택지에서 고르도록 했다. 연구자들은 환자의 좌뇌에는 닭발 사진을 보여주고, 우뇌에는 눈 쌓인 집의 사진을 보여줬다. 그리고 좌뇌와 우뇌에게 제시된 그림들 중 자신이 본 것과 관련된 것을 각각 하나씩 선택하라고 했다.

그들에게 제시된 그림은 닭 머리, 삽, 망치, 소 머리, 양 머리 등이었다. 닭발을 본 좌뇌는 닭 머리 그림을 선택했고, 눈 쌓인 집을 본 우뇌는 눈을 치울 삽을 골랐다.

연구자는 환자에게 물었다.

"왜 당신은 닭 머리와 삽을 선택했습니까?"

예상대로라면 언어적 기능을 하는 좌뇌는 자신이 닭발을 봤기 때문에 닭 머리를 선택했고, 삽을 선택한 이유에 대해서는 우뇌에게 받은 정보가 없기 때문에 모른다고 해야 했다. 그러나 좌뇌는 "닭발을 봤기 때문에 닭 머리를 선택했고, 닭장을 치우기 위해 삽을 선택했지요"라고 답했다.

그는 왜 이런 거짓말(?)을 했을까? 언어를 담당하는 좌뇌는 눈 쌓인 풍경 사진을 보지 못했다. 따라서 연구자가 말해주기 전까지 좌뇌는 자신이 삽을 선택했다는 사실을 몰랐다. 그러나 연구자에게 자신이 삽을 선택했다는 이야기를 들은 좌뇌는 자신이 왜 삽을 선택했는지를 생각했다. 좌뇌는 거기에 나름의 이유가 있을 것이라 여기고, 가장 그럴듯한 이유로 '닭장을 치우기 위해 삽을 선택했다'고 답한 것이다.

이처럼 좌뇌의 대표적 기능 중 하나는 이해되지 않는 현상을 자신이 이해할 수 있는 방식으로 해석하는 것이다. 그러나 생각을 조금만 달리하면 이는 결국 좌뇌가 대상을 있는 그대로 이해하기보다는 자신이 이해할 수 있는 방식으로 왜곡하는 데 매우 유능하다는 것을 뜻한다.

근거 없는 이유는 뇌의 해석 때문이다

분할 뇌 환자뿐 아니라 뇌량을 절제하지 않은 우리 역시 어떤 상황이 이해되지 않을 때 좌뇌 해석기를 사용한다.

1962년 스탠리 샥터(Stanley Schachter)와 제롬 싱어(Jerome Singer)가 실행한 에피네프린 실험이 있다. 에피네프린은 일종의 교감신경계를 홍분시키는 약물로서, 이를 투여할 경우 심박수가 올라가고, 얼굴이 붉어지며, 손이 떨리거나 땀이 흐르는 증상이 나타난다.

연구자들은 피험자들에게 에피네프린을 투여한 후 피험자 절반에게는 에피네프린의 효과를 설명해주었고, 나머지 절반에게는 설명하지 않았다. 실험이 끝난 후 피험자들은 연구실을 나가다가 화가 난 사람과 마주쳤다(이것 역시 연구자들이 미리 짜놓은 계획이었다).

에피네프린의 효과에 대해 설명을 들었던 피험자들은 자신의 흥분된 증상을 약효 때문이라고 여겼다. 그러나 효과를 듣지 못한 피험자들은 자신이 흥분한 이유가 화가 난 사람과 마주쳤기 때문이라고 생각했다. 그들은 자신이 지금 왜 이렇게 흥분해 있는지에 대해 그럴싸한 해석이 필요했고, 당장 주어진 단서를 근거로 '화가 난 사람과 마주쳤기 때문에 심장이 떨리고 땀이 나는 거야'라는 이유를 만들어낸 것이다.

이 손은 내 손이 아니에요

좌뇌가 자신에게 주어진 상황을 납득하기 어려울 때 그럴싸한 핑계를 만들어낸다는 실험은 이외에도 다양하다. 심지어 신경학 사례에서는 더 독특한 증상이 보고되기도 한다.

보통 좌뇌 뇌졸중 환자는 자신의 오른쪽 신체 마비에 대해 불평을 한다. 그러나 우뇌 뇌졸중 환자의 일부는 자신의 마비 증상을 무시하거나 다른 핑계를 댄다. 반응은 다양하다. 마비된 손이 움직이지 않는데도 움직였다고 주장하거나, 움직이지 않는 자신의 손이 어딘가에 숨어 있는 어머니나 의사 선생님의 손이라고 말하는 것이다(그렇다고 해서 이들이 정신적으로 이상이 있는 것은 아니다).

왜 이런 일이 생길까? 우뇌에 뇌졸중이 발생하면, 우뇌는 왜

곡과 변명을 좋아하는 좌뇌를 통제하기가 어려워진다. 그러면 우뇌의 통제를 받지 않는 좌뇌는 그 순간 자유로운 핑계와 변명, 왜곡을 일삼는 것이다.

뇌가 코끼리를 대변하는 이유

변명에 익숙한 좌뇌의 특성은 왜 우리의 기수(이성)가 코끼리(욕구)의 변호사 역할을 하는지 설명해준다. 좌뇌의 기능 중 하나는 납득할 수 없는 상황을 자신이 수용할 수 있는 방향으로 해석하는 것이다. 따라서 자신의 통제를 벗어난 코끼리의 돌발적 행동에 대해 좌뇌는 그럴싸한 해석을 갖다 붙인다. 이를 통해 우리가 얻는 이득은 심리적 안정감이나 눈앞에 닥친 위기의 탈출, 비난 회피 등 다양하다.

다이어트 중인데도 야식을 먹거나, 새해에 금연을 목표로 세우고도 담배를 피웠을 때 좌뇌는 스스로를 탓하며 자책만 하는 것이 아니다. 거기에는 그럴 만한 이유가 있었노라고 코끼리를 대변하는 역할을 한다. 이처럼 좌뇌는 왜곡과 변명의 천재인 것이다.

그런데 아는가? 좌뇌 혹은 이성이 코끼리를 감싸는 가장 큰 이유는 바로 자신을 보호하고, 타인의 공격으로부터 스스로를 지키기 위함이다. 이를 보고도 세상에서 유일하게 믿을 수 있는 것은 자기 자신뿐이라고 생각할 수 있겠는가. 어쩌면 당신을 속이는 데 가장 특출한 사람은 바로 당신 자신일지 모른다.

코끼리와
어울리기

습관이 되는 데 걸리는 시간

어떤 행동이 습관이 되기까지 걸리는 시간은 어느 정도일까? 누군가는 21일 정도라고 한다. 그런데 행동 연구 전문가 웬디 우드(Wendy Wood)의 저서 《해빗》(다산북스, 2019)에서는 하나의 행동이 습관으로 바뀌는 데 걸리는 시간은 바꾸고자 하는 습관이 무엇인지에 따라 다르다고 한다. 예를 들어 식습관을 바꾸는 데는 대략 65일, 매일 30분 이상 꾸준히 운동하는 습관이 만들어지기까지는 91일 정도가 필요하다. 그런데 문제는 의지만으로 충동을 이겨내기가 쉽지 않다는 것이다. 마음을 먹는 것만으로는 어떤 행동을 습관으로 만들기 어렵다.

다이어트를 하면서 내가 바꾸고자 했던 것 중 하나는 식습관이었다. 결혼 후 외식이 잦았고, 빵이나 케이크, 피자 등 밀가루 음식을 즐겨 먹었다. 식후 간식은 기본이고 하루에 한 잔 이상 단 음료를 마셨다. 어느 순간 내가 당과 탄수화물 중독이 아닐까 생각할 정도였다. 게다가 기본적으로 나는 육류를 좋아하고 채소를 싫어해서, 아무리 여러 가지 나물 반찬이 있어도 고기가 없으면 먹을 게 없다고 생각했다. 그래서 다이어트를 위해 먼저 식습관을 바꾸려고 노력했다. 채소 섭취량을 늘리고, 단 음료는 일주일에 세 번 정도만 마시기로 했다. 이런 습관이 한 달 이상 지속되자 아무리 굶어도 빠지지 않던 살이 조금씩 빠지기 시작했다.

그러나 내 안의 코끼리는 그리 호락호락하지 않았다. 한 달이 조금 지난 어느 날 억제된 욕구가 폭발했다. 단 음식이 미친 듯이 당겼고, 결국 그날 빵을 8만 원어치 사서 달달한 음료와 함께 다 먹어치웠다. 그때의 황홀감이란…….

당연히 후회가 내 마음을 점령하려 했다. 이를 눈치챈 내 안의 변호사가 등장해 코끼리를 변호했다.

'난 한 달 동안 식단을 바꾸기 위해 노력했고, 지금까지 잘 지켜왔어. 그러니 이건 일종의 나에게 주는 보상이자 치팅데이 같은 거야. 금방 찐 살은 금방 빠진다고 하잖아. 그러니 오늘은 다이어트 실패가 아니라 한 달 동안 노력한 나에게 주는 보상이라고 할 수 있어.'

이렇게 어설픈 다이어트 지식과 변명을 끄집어내 후회라는 감정이 나를 점령하지 않도록 변호사는 나를 설득하려 했다.

'의지'라는 속임수

사람들은 이미 알고 있다. 의지만 가지고서는 원하는 것을 달성할 수 없다는 사실을 말이다. 그럼에도 많은 사람들은 '의지'라는 이름의 속임수에서 벗어나지 못한다. 의지를 다짐으로써 스스로가 바뀔 수 있을 것이라고 믿고 또 믿는다.

굳게 마음을 먹는 것은 좋다. 그러나 앞에서도 이야기했듯이 의지만 가지고 무언가를 완전히 바꾸기란 쉽지 않다. 게다가 내 안의 욕구뿐 아니라 외부에도 나를 유혹하는 요인들은 너무나 많다. 더불어 우리에게는 타당한 이유로 열정을 꺼버릴 수 있는 뛰어난 좌뇌도 존재한다.

수많은 마케팅 서적들은 소비자의 코끼리를 자극함으로써 자기도 모르게 물건을 사게 만드는 다양한 방법들을 제시한다. 예를 들어 마트에서는 많이 팔고자 하는 상품을 소비자의 눈높이에 배치한다. 상품이 너무 아래 있거나 위에 있을 때보다 소비자의 눈높이에 있을 때 판매율이 더 올라가기 때문이다. 또 백화점에는 창문과 시계가 없다. 고객이 시간을 의식하지 않고 쇼핑을 계속하게 만들기 위해서다. 이처럼 우리는 다양한 외부 요인들의 영향을 받는다. 따라서 변화하려면 '나의 의지'뿐 아니라 환경 요소들의 재배열이나 변경이 필요하다. 이에 《해빗》에서 말한 몇 가지 방법을 소개하면 다음과 같다.

만약 올해 당신이 소비를 줄이기로 계획했다면 신용카드 대신 체크카드로 바꾸는 것도 하나의 방법이다. 둘 다 플라스틱 카드를 긁으면 된다는 편의성 측면에서는 동일하지만, 돈이 나가는 방식이 다르다. 어찌 보면 체크카드는 현금을 한 장의 플라스틱으로 압축한 것이라고 볼 수 있다. 따라서 가지고 있는 현금(체크카드)을 쓰느냐, 아니면 신용카드를 통해 결제 기간을 유예하느냐는 소비의 차이를 만든다.

다이어트 중이라면 집 안의 식기들을 살펴보고 좀 더 작은 것으로 바꿔보라. 기존의 식기를 더 작은 걸로 바꾼다고 해도 뇌는 갑자기 양이 줄었다며 허기를 느끼지 않는다. 그저 주어진 공기의 밥을 다 먹었다고 생각하며 이전과 비슷한 포만감을 느낀다. 다만 용기의 크기가 작아짐으로써 먹는 양을 줄이는 데는 더 도움이 된다.

코끼리를 몰아세우는 법

목표를 달성하기 위해 코끼리에게 작은 속임수를 사용하는 것은 도움이 된다. 그러나 코끼리를 속이는 것이 쉽지 않다면, 어쩔 수 없이 코끼리를 몰아세울 수도 있다. 그 방법 중 하나가 데드라인이다.

안철수 의원이 교수이자 안랩 경영자로 있던 시절 〈무릎팍 도사〉라는 TV 프로그램에 나와 컴퓨터 바이러스 백신을 만들 수 있었던 비법 하나를 공개했다.

새로운 바이러스가 등장할 때마다 그는 백신의 원리를 이해해야 했는데, 시간이 충분하지 못할 때가 많았다고 한다. 그럴 때면 그는 잡지사에 전화를 걸어 기고를 하겠다고 자청했다. 대부분의 잡지사들은 컴퓨터 바이러스 방면에서 유명한 그의 제안을 받아들였다. 그때부터 자신이 한 약속을 지키기 위해 밤을 새웠고, 기간 내에 해당 바이러스 백신의 원리를 익혀 약속한 날짜에 글을 보낼 수 있었다고 한다.

왜 그렇게까지 자신을 몰아세우는지 MC들이 묻자, 그는 자신이 어떤 사람인지 알기 때문이라고 대답했다. 명확한 데드라인이 주어져야 책임감을 가지고 일에 몰두할 수 있다는 것을 알기에 일부러 자신을 압박할 요인을 만들었다는 것이다. 아마 그는 누구보다 자신 안의 코끼리를 잘 이해하고 있었는지 모른다.

데드라인은 힘이 세다

많은 사람들이 처음에 굳은 의지를 가지고 일을 시작하지만 그 일을 지속하기란 쉽지 않다. 그럴 때 데드라인은 외부적으로 자신을 몰아세우는 수단이자 계획한 일을 완성할 수 있는 힘이 된다. 특히 나같이 공부하는 사람들은 결국 자기와의 싸움이기 때문에 명확한 데드라인이 어떤 측면에서는 큰 압박이자 축복이다.

생각해보라. 대부분의 사람들은 시험 기간에 가장 열심히 공부하고, 주어진 데드라인을 지키기 위해 애쓴다. 대학원에 들어가서 '논문을 언제까지 써야지'라는 마음은 막연하게 나를 의자에 앉혀놓을 뿐이다. 반면 '이제 두세 달 후면 논문 발표야!'라는 정해진 기한은 나를 몰아세워 평소보다 몇 배의 효율을 낸다. 그래서 때로는 일부러 데드라인을 정하기도 한다.

데드라인은 어느 정도의 압박감으로 코끼리를 통제하며, 당신이 마음먹은 것을 어기지 못하게 하는 데 도움이 된다. 이때 데드라인이 타인이나 외부에 의해 정해지면 스스로를 압박하기가 더 쉬워진다. 게다가 데드라인에 따른 보상이나 불이익이 있다면 더 좋다.

수업에서 '그냥 복습 겸 테스트를 하겠다'고 하면 학생들의 학업 의지는 불타지 않는다. 그러나 테스트가 성적에 반영된다고 하면 그들의 공부 의지가 불타오른다. 성적에 반영되는 테스트의 비율이 높을수록 학생들의 점수는 더 좋아진다.

이처럼 보상이나 불이익이 포함된 데드라인이 주어질 때, 단순히 마음만 먹는 것보다 일을 더 제대로 완성할 가능성이 높다. 그러니 때로는 강력한 데드라인을 찾아라. 외부 요인을 이용함으로써 당신 안의 코끼리를 당신의 목표로 이끄는 것이다.

좌절하지 않을 만큼만
꿈에 베팅하라

갬블러가 되어 라스베이거스에 입성하다

대학원에서 프로젝트가 끝난 후 혼자 미국 여행을 갔다. 미국 여러 도시를 다녔는데 그중 한 곳이 라스베이거스였다. 라스베이거스는 영화나 드라마에서 보듯이 낮밤이 구별되지 않는 화려한 도시였다. 휘황찬란한 불빛, 창문과 시계가 없는 카지노, 갬블러들을 위한 저렴한 숙박과 식사, 다양한 볼거리 등. 정말 영화처럼 멋진 곳이었다. 게다가 너무도 많은 사람들이 모이는 관광지였기에 치안도 다른 도시보다 더 안전하게 느껴졌다.

강원랜드도 가본 적 없는 나에게는 첫 카지노 경험이었다. 거기에는 각국, 각 지역의 사람들이 돈을 걸고 게임을 하고 있었다. 재미로 하는 사람, 진지하게 하는 사람, 큰돈을 잃었는지 머리를 쥐어뜯는 사람 등 다양했다.

이곳에 왔으니 나 역시 갬블을 해봐야 하지 않겠는가. 그래서 여러 카지노를 돌았다. 진지하게 돈을 따겠다는 마음은 아니었다. 나에게는 그럴 정도의 담력이 없었다. 그저 경험이자 체험이었다. 어린 시절 재미로 경마에 푼돈을 걸었던 아버지처럼 말이다.

경마장의 추억

어릴 때 가끔 아버지와 경마장에 가곤 했다. 아버지는 경마장에 가면 그날 최대 10만 원 이상은 쓰지 않으셨다. 10만 원을 다 잃으면 더 이상 베팅하지 않았고, 돈을 따면 경마장 안에 있는 편의점에서 치킨이나 군것질거리를 사주셨다. 아버지에게 경마장은 그저 말들이 열심히 뛰는 모습을 구경하는 곳이었고, 베팅은 약간의 열기와 재미를 더하는 '양념' 같은 것이었다.

그곳에 가면 돈을 벌기 위해 베팅을 하는 사람들이 많았는데, 돈이 걸려 있는 사람들의 눈빛은 어린 내가 봐도 달랐다. 그들의 눈에는 재미가 아닌 생존적 무언가가 가득했다. 그러나 아버지는 아니었다. 나중에 나는 아버지에게 돈을 따기 위해 베팅을 해보고 싶은 적은 없었냐고 물었다. 그 질문에 아버지는 단호히 없다고 하셨다. 거기에는 이유가 있었다.

아버지의 슬롯머신

내가 아주 어릴 때 아버지는 할아버지 건물에서 만화방을 했다. 나는 기억나지 않지만 어느 날 아버지는 만화방에 작은 슬롯머신 하나를 가져다 놓았다고 한다. 도박용이 아니라 그냥 만화를 보러 오는 사람들이 잠깐 쉬면서 즐기는 오락기 정도로 생각했던 것이다.

그런데 어느 날 아버지는 이상한 현상을 발견했다. 만화방으로 버는 매출보다 그 오락기 하나로 버는 매출이 더 큰 것이었다. 아버지는 의아하게 생각해 그 기계를 집으로 가져갔다. 그리고 동전을 넣어보며 왜 그런지 시험해봤다.

아버지는 슬롯머신을 몇 번 돌려보고는 언제 나올지 모르는 보상에 계속 동전을 넣고 있는 자신의 모습을 발견했다. 그러나 슬롯머신의 잭팟이 터진다 한들, 그걸로 버는 돈보다 잃는 돈이 더 많다는 것을 알았고, 그래서 도박으로는 돈을 벌 수 없다고 생각했다는 것이다. 그 후 재미로는 베팅을 해도, 돈을 벌기 위해서 도박을 하겠다는 생각을 하신 적은 없다고 한다. 더불어 그

위험한 슬롯머신 역시 곧 가게에서 치워버리셨다.

카지노 안에 든 쥐가 되어

나는 아버지의 말씀을 기억하고는 카지노에 가서 돈을 잃는다는 전제하에 즐기기로 했다. 그 기준은 100달러였다. 나는 100달러를 일종의 라스베이거스 체험비 정도로 생각했다. 100달러를 다 잃으면 나의 베팅은 끝이다.

그러나 내가 간과한 것이 있었다. 아버지와 갔던 경마장은 일주일에 금, 토, 일 3일만 문을 연다. 내 기억이 맞다면 대략 9시쯤 오픈해서 오후 5시에는 모든 경기가 끝난다. 시작과 끝이 있다. 그러니 각 경기당 얼마 정도만 베팅할지 결정할 수 있고, 한두 경기에 그냥 몰빵(?)할 수도 있다. 아무튼 정해진 시간 안에서 놀면 된다.

그런데 카지노는 열고 닫는 시간이 없다. 경마장처럼 끝나는 시간이 없기에 자다가도 일어나서 게임을 하러 갈 수 있다. 그것을 간과한 나는 금방 100달러를 탕진했다. 소심한 성격상 1~2달러씩 베팅을 했는데, 중간중간 돈을 따기도 했지만 결국 몇 시간 만에 다 잃었다.

초심자의 행운인지 초반에 돈을 딸 때는 딴 돈으로만 베팅을 해야겠다고 생각했다. 그런데 그 돈을 잃고 나니 아직 나에게는 처음 계획한 100달러의 돈이 남아 있다는 생각이 들었다. 그래서 게임을 멈추지 않았고 결국은 다 잃었다. 그리고 약속처럼 카지노를 떠나 호텔로 돌아왔다.

그런데 돌아와서도 계속 생각이 났다. 한 번만 더 해보면 원금을 회수할 수 있지 않을까, 한 번만 더 하면 조금은 수익이 나지 않을까 하는 생각이 들었다. 원금이 아깝기도 했지만 여기서 며칠을 더 머물러야 하는데 도착한 첫날 참가비를 다 썼다고 생각하니 아쉬웠다. 라스베이거스에서 사람들이 할 수 있는 거라고는 식사와 공연 감상 그리고 갬블 아닌가. 내가 이곳을 떠나기까지 아직 며칠이나 더 남아 있는 상황이었다.

나는 결국 밤에 다시 돌아가서 게임을 했다. 그러고는 스키너(Burrhus F. Skinner, 행동주의 심리학자)의 심리상자 속 쥐처럼 슬롯머신의 레버와 버튼을 누르기 시작했다.

얼마 이상 땄을 때 그만둬라

스키너는 어떤 동물이든 보상을 통해 원하는 행동을 학습시킬 수 있다고 믿었다. 예를 들어 쥐가 버튼을 누를 때 먹이를 얻게 되면, 그 쥐는 먹이를 얻기 위해 필요할 때마다 버튼을 누른다. 버튼을 누르면 먹이를 얻는다는 것을 '학습'한 것이다.

그런데 그 보상을 매번 일정한 간격으로 주는 것이 아니라, 예측하기 어려운 간격으로 주면 쥐의 행동이 달라진다. 예를 들어 보상 시점을 무작위로 해두면 쥐는 언제 나올지 모르는 보상을 얻기 위해 아무것도 하지 않고 계속 버튼만 누른다. 이것이 도박의 원리다. 일정한 간격으로 주어지는 월급과 달리, 우리는 언제 나올지 모르는 행운을 위해 홀린 듯 슬롯머신의 레버를 계속 돌리는 것이다.

그때의 내가 그랬다. 큰돈은 아니지만 몇 번만 더 하면 잃은 돈을 되찾을 수 있다는 생각과, 몇 번만 더 하면 그 이상의 돈을 딸 수 있겠다는 생각으로 다시 기계 앞에 앉아 돈을 걸고 게임을 했다. 그렇게 잃고 따기를 반복하다가 결국 또다시 좌절하여 호텔로 돌아갔다.

예상했던 것보다 많은 돈을 잃고는 후회했다. 왜 나는 처음의 약속을 지키지 못했을까 하는 생각과 함께 스스로를 통제하지 못했다는 자괴감이 들었다. 의지가 약한 인간이라며 스스로를 비난했다. 그리고 생각했다. 왜 아버지는 경마장에서 10만 원을 잃고도 게임을 끝낼 수 있었는데, 나는 그럴 수 없었을까?

이유는 간단했다. 앞서 말했듯이 경마장은 경기의 시작과 끝이 명확했고, 카지노는 시작도 끝도 없었다. 카지노에서의 시작과 끝은 결국 갬블러의 몫이었던 것이다. 따라서 내가 고려해야 할 것은 얼마를 잃으면 그만두겠다가 아니라 얼마의 수익을 얻으면 그만두겠다는 기준이었다.

그래서 결심했다. 100달러를 잃으면 그만두겠다가 아니라, 50달러를 따면 그만두겠다고 말이다. 잃은 돈을 회복하고 거기에 택시비 50달러 정도만 더 따면 그만두자고 생각했다. 그리고 2분의 1의 확률 게임을 통해 결국 잃은 돈을 회복하고 나중에 공항으로 갈 택시비 50달러 정도를 더 땄다.

거기까지였다. '얼마 이상 잃으면 그만둘 거야'가 아니라 '얼마 이상 따면 그만둘 거야'라는 기준을 정하니 게임을 그만두기가 더 쉬웠다. 그곳에 머물며 몇 게임을 더 했지만 갬블은 나에게 '놀이' 그 이상도 그 이하도 아니었다.

택시비 정도만 벌고 가자

대학교 때 어느 교수님이 나에게 꿈이 뭐냐고 물었다. 나는 생각나는 답이 없어서 그냥 "훌륭한 사람이요"라고 답했다. 그 말에 교수님은 훌륭한 사람의 정의가 무엇인지 조금은 집요하게 파고들었다. 그러면서 자신에게는 여덟 살 딸이 하나 있는데, 딸의 꿈은 수의사가 되는 것이라고 했다. 작은 동물병원의 수의사. 그건 훌륭한 일일까, 아닐까?

나는 '훌륭한'의 의미에 대해 깊이 생각해본 적이 없었다. 그럼에도 그 당시 내가 아는 '훌륭한'의 의미는 작은 병원의 수의사보다는 거창한 것이었다. 지금이야 수의사가 좋은 직업이지만, 그 당시에는 지금처럼 반려동물 문화가 발달한 것도 아니었기에 수의사가 꿈이라는 것이 매우 생소하게 여겨졌다.

그 당시 아이들은 보통 자신의 꿈으로 대통령이나 의사, 선생님, CEO, 그나마 독특한 직업으로 연예인 등을 말하는데, 수의사라니 '소소한 꿈이네'라고 생각했다. 지금 생각하면 엄청난 착각이었지만.

우리는 보통 '훌륭한 사람이 될 거야', '위대한 사람이 될 거야', '나는 누구처럼 성공할 거야', '누구처럼 유명해질 거야'라며 그렇게 되기를 바란다. 바람대로 이루어지면 좋겠지만 현실적으로 그렇지 못한 경우가 훨씬 많다. 그럼에도 '내가 지금은 이렇지만 두고 봐. 대기만성이라고 나중에 보란 듯이 보여줄 테니까'라고 생각한다.

거기까지는 좋다. 남들 이루는 꿈, 나라고 못 이룰 건 없다. 다만 목표를 이루지 못했을 때 좌절하거나 자책하는 경우들이 있다. '나는 대단한 사람이 되어야 하는데 왜 이 정도밖에 살지 못할까'라고 자책하며 환경이나 사회 탓을 한다. 세상을 원망하고 체념하며 '이런 것이 원래 현실이야'라고 조소하기도 한다. 그런데 나이가 들수록 주변에 그런 사람들이 늘어간다. '대단한 사람'

이 되고 싶었는데 그러지 못한 사람들 말이다.

20대에는 스스로가 아직 껍질을 벗지 못한 번데기라고 믿으며 희망을 가지고 있었는데, 30대 후반으로 접어드니 이제는 넷 중 하나다. 꽤 괜찮게 살거나, 자신은 늦게 피는 꽃이라고 믿거나, 이것이 현실이려니 체념하거나, 자책하며 사회나 세상을 탓하는 경우다. 그러나 잭팟이 모든 사람들에게 주어지는 행운이 아니듯 당신의 삶 역시 기대한 만큼의 잭팟이 터지지 않을 수도 있다. 도리어 잭팟이 터질 확률은 매우 적을지도 모른다.

이런 말로 당신을 좌절시키려는 것은 아니다. 다만 자신의 상한선을 잭팟이 아니라 설정 가능한 방향으로 조금 낮춰보라는 것이다. 반드시 '위대하거나 대단한' 목표를 세우지 않아도 된다. 그냥 '택시비 정도만 따자'라고 생각할 만큼 소소해도 좋다. 그렇게 삶의 상한선을 낮게 잡는 것도 조금은 마음 편히 살아가는 방법이다.

나 역시 잭팟의 꿈을 놓으니 더 다양한 길이 눈앞에 펼쳐졌다. 이전처럼 대단하지 않을지는 모르지만 그 꿈들은 나를 덜 좌절시켰고, 내 삶을 좀 더 즐겁게 만들었다. 게다가 사소한 것이 주는 소중함도 알게 했다. 삶이란 반드시 잭팟일 필요는 없다. 그냥 '택시비' 정도 벌어도 충분히 즐거울 수 있는 것이다.

3장

당연하다는 생각이 당신을 망친다

때로는 생각이 가장 큰 방해물이다

편견이 사람을 바꾼다

다음 중 당신은 어느 쪽이 더 맞다고 생각하는가?

A. 사람은 바뀔 수 있다.

B. 사람은 바뀔 수 없다.

심리학을 전공하던 대학원 시절, 연구실 후배도 위 내용과 비슷하게 '인간의 성격은 바뀔 수 있는지' 교수님께 물어본 적이 있다. 그 질문에 교수님은 단호하게 교수님은 "인간의 성격은 바뀔 수 없다"라고 답하셨다. 그 당시 성격 검사 분야를 공부하던 나는 교수님의 말씀을 듣고 고개를 끄덕였다. 그리고 몇 년 후, 내 강의 시간에 학생들에게 다음과 같이 말하곤 했다.

"어느 책에 의하면 30대가 넘어서 사람이 변할 확률은 벼락을 맞을 확률만큼 적다고 합니다. 그만큼 사람이란 바뀌기 쉽지 않죠. 그러니 영화나 드라마처럼 사람이 바뀔 것이라는 기대는 안 하는 것이 속 편할지 모릅니다."

지금 생각하면 조금은 낯부끄러운 말이다. 지금 누군가 나에게 "사람은 바뀔 수 있나요?"라고 묻는다면 그때처럼 자신 있게 "바뀔 수 없다"고 단정 짓지는 못할 것이다. 다만 계속 공부를 하며 내가 배운 것은 '인간이 바뀔 수 있느냐 없느냐'가 중요한 것이 아니라, '사람은 바뀌지 않을 거야'라는 생각이 누군가를 변화시키는 데 있어서 가장 큰 장애물이라는 것이다.

말의 힘

고등학교 시절 사회탐구 영역으로 유명한 학원 강사님이 계셨다. 워낙 유명하신 분이라 나 역시 국어·영어·수학 같은 주요 과목이 아님에도 불구하고, 그분 수업을 들으러 전철을 타고 학원에 가곤 했다. 심지어 그분의 저서를 읽으며 공부에 대한 열의를 키웠다.

그런데 당시 그분이 자주 하시던 말씀이 있다. "너희에게는 미안하지만 공부머리는 90퍼센트 이상 유전에 의해 결정된다." 그래서 부모님이 똑똑하면 그 자식도 똑똑할 확률이 더 크다고 했다. 그런 말을 들을 때면 나는 생각했다. 지능의 90퍼센트는 타고나는 것이라는데 그럼 나는 어떤 머리를 가진 걸까? 우리 부모님이나 조부모님은 어떤 유전자를 가진 걸까?

그 강사님이 하신 말을 나 역시 어느 수업 때 했을지 모른다. 지금 생각하면 학생들에게 무척 미안한 일이다. 왜냐하면 그 말 한마디가 누군가의 성장 가능성을 방해했을지도 모르기 때문이다.

바보로 살았던 멘사 회원

인간의 성격이나 지능에 대한 유전적 요인을 완전히 부정하지는 않는다. 분명 유전적 요인이 미치는 영향은 무시할 수 없다. 다만 유전적 요인만으로는 단정 지을 수 없는 부분이 분명히 존재한다는 것이다.

호아킴 데 포사다(Joachim de Posada)의 책 《바보 빅터》(한국경제신문, 2011)의 주인공 빅터는 남들이 보기에는 굉장히 산만하고 엉뚱해 보이는 아이였다. 하루는 빅터의 학교에서 아이큐 검사를 했는데, 담임이 그의 아이큐가 73이라고 말했다. 학생들은 빅터를 무식한 바보라고 놀렸고, 빅터도 자신의 아이큐가 73이라고 믿으며 스스로를 바보라고 생각했다. 그리고 정말 바보처럼 살았다. 17년 후 우연한 기회에 그는 다시 아이큐 검사를 받게 되었다. 그리고 검사 결과 그의 아이큐는 73이 아니라 173이라는 것이 밝혀졌다. 그 후 바보 빅터는 더 이상 바보로 살지 않았고, 훗날 멘사 회장까지 되었다.

실제 인물을 바탕으로 한 이 소설은 말한다. 그가 바보로 살았던 것은 그가 정말 바보였기 때문이 아니라 스스로를 바보라고 믿었기 때문이라고. 어쩌면 우리 역시 《바보 빅터》의 주인공처럼 주변의 말에 의해, 혹은 오래전부터 내려오던 사고방식에 의해 자신의 다양한 가능성을 모르고 살아가는지도 모른다.

당신이 당연하다고 여기는 가치나 사고방식은 정말 당연한 것일까? 도리어 너무도 당연하게 생각해온 탓에 당신도 빅터처럼 자신의 한계를 벗어날 기회나 가능성을 놓친 것은 아닐까. 혹은 그러한 사고방식 때문에 주변 사람들의 가능성을 가로막고 있지는 않은가? 때로는 자신의 생각이 가장 큰 방해물이라는 점을 잊지 않는다면 우리는 우리가 생각하는 한계 이상으로 나아갈 수 있을 것이다.

'나쁘다'는 생각이 '나쁨'을 만든다

스트레스는 살려고 분비되는 물질이다

인간이 자연재해, 고문, 사고 등 충격적인 사건을 경험했을 때 나타날 수 있는 후유증으로 외상 후 스트레스 장애(Post Traumatic Stress Disorder, PTSD)가 있다. 보통 PTSD라고 하는데 주요 증상으로는 자신이 경험한 충격적인 사건이 갑자기 떠올라 극심한 두려움을 느끼거나, 반복된 악몽을 꾸는 일, 또는 사건을 연상시키는 단서들을 볼 때마다 공포나 죄책감, 발작 등을 일으키는 것 등이 있다.

미국의 한 연구팀은 충격적인 사건을 경험한 후 PTSD를 겪는 사람과 그렇지 않은 사람의 차이를 알아보고자 했다.[5] 실험을 위해 교통사고에서 막 목숨을 건져 병원으로 옮겨진 사람들의 소변 샘플을 채취했고, PTSD를 겪는 사람과 그렇지 않은 사람의 호르몬 수치를 비교했다. 9개월 뒤 55명의 환자 중 9명이 PTSD 진단을 받았다. 연구자들은 사고 당시 채취한 소변 샘플을 바탕으로 어떤 호르몬 수치에 차이가 있는지 살펴보았다. 그 결과 두 집단에서는 코르티솔과 아드레날린 수치에서 차이가 있음이 발견되었다.

코르티솔과 아드레날린은 대표적인 스트레스 호르몬으로, 스트레스 상황에 대처하기 위해 신경계 등 신체 여러 영역에 영향을 미치는 호르몬이다. 이 호르몬들이 분비될 경우 신체는 위협에 대비하기 위해 교감신경을 자극하고, 맥박이나 호흡 증가, 혈압 상승 등의 반응을 나타낸다. 따라서 사고 직후 코르티솔과 아드레날린 수치가 높았다는 것은 사건 당시 그들의 스트레스 수치가 높았음을 의미한다.

그렇다면 PTSD를 겪는 사람과 그렇지 않은 사람 중 누가 사건 당시 더 많은 스트레스를 받았을까? 이 질문을 하면 수업을 듣는 학생들 대부분은 PTSD를 겪는 사람들의 스트레스 호르몬 수치가 더 높았을 것이라고 생각한다. 즉, PTSD 환자들이 사건 당시 더 많은 스트레스를 받았을 것이라고 추측하는 것이다.

그러나 연구 결과는 정반대였다. 실제 PTSD를 겪는 사람들은 그렇지 않은 사람들보다 스트레스 호르몬 수치가 낮았다. PTSD를 겪는 사람들은 사고 당시 스트레스를 상대적으로 덜 받았던 것이다.

이러한 연구들을 바탕으로 스트레스 장애를 치료하는 방법 중 하나로 스트레스 호르몬인 코르티솔을 투여하기도 하는데, PTSD를 겪는 환자들에게 장기간 소량의 코르티솔을 투여하면 그들의 PTSD를 경감시킨다는 연구 결과도 있다.[6]

더불어 우리는 스트레스 반응의 마지막 단계인 회복에 이르러야 한다. 회복은 스트레스가 없는 상태로 되돌아가는 것을 의미하는데, 아이러니하게도 이런 스트레스 회복을 위해 가장 필요한 것이 바로 스트레스다. 위 연구가 보여주는 결과와 유사하게 스트레스에서 벗어나기 위해서 가장 필요한 것은 스트레스 호르몬 그 자체인 것이다.[7]

스트레스보다 '나쁘다'는 생각이 더 해롭다

두 가지 질문을 하려 한다.

"당신은 지난 1년 동안 어느 정도의 스트레스를 받았는가?"

"당신이 지난 1년 동안 받은 스트레스가 당신의 건강에 얼마나 영향을 미쳤다고 생각하는가?"

실제 미국에서 성인 3만 명을 대상으로 스트레스의 양과 스트레스에 대한 개인의 인식이 건강과 사망률에 어떠한 영향을 미치는지 살펴보았다.[8]

8년이 지난 후 응답자들의 사망률을 조사한 결과, 안타깝게도 스트레스를 가장 많이 받은 사람들의 사망률은 43퍼센트로 증가했다. 여기까지만 보면 역시 스트레스란 해로운 것이라는 생각이 든다. 그러나 이 연구에는 좀 더 흥미로운 점이 있었다. 스트레스를 가장 많이 받은 집단 모두가 높은 사망률을 보이지는 않았다는 점이다.

스트레스를 가장 많이 받은 집단 중 스트레스가 건강에 해롭다고 생각하는 사람들의 사망률은 높았다. 그러나 스트레스를 많이 받으면서도 스트레스가 건강에 해롭다고 생각하지 않는 사람들의 사망률은 낮았다. 심지어 이들의 사망률은 스트레스를 가장 적게 받은 집단보다도 낮았다. 이에 연구진들은 단순히 스트레스 자체가 사망률에 영향을 미치는 것은 아니라고 결론지었다. 스트레스 자체보다는 '스트레스의 양'과 '스트레스가 나쁘다는 사고방식'이 결합할 때 사망률과의 관계가 높아진다고 본 것이다.

일반적으로 대부분의 사람들은 스트레스가 해롭다고 생각한다. 건강을 해치고, 일의 능률을 떨어뜨리고, 관계를 망치는 가장 대표적인 주범이 스트레스라고 말한다. 그래서 스트레스는 만병의 원인으로 취급된다. 그러나 위 연구 결과가 의미하는 것은 단순히 스트레스 자체가 우리에게 악영향을 미치는 것은 아니라는 점이다. 도리어 스트레스 자체보다는 우리가 스트레스를 어떻게 바라보느냐가 스트레스를 해로운 악당으로 만들기도 하고, 혹은 아무런 힘도 가지지 못하게 한다는 것을 알 수 있다.

스트레스가 시험에 미친 순기능

시험이나 면접을 앞두고 상당히 긴장하는 친구들이 있다. 모의시험이나 모의면접에서는 우수한 성적을 보이면서도, 실전에서는 긴장감으로 자신의 능력 이하의 결과를 보인다. 그래서 너무 떨리는 마음에, 혹은 긴장감을 가라앉히기 위해 흔히 말하는 청심환을 먹기도 하며 최대한 긴장하지 않으려고 한다. 불안해하는 마음이 성과에 방해가 될 것이라고 믿기 때문이다.

이처럼 긴장이나 불안, 스트레스가 성과에 부정적인 영향만을 미치는 것일까? 이를 알아보고자 몇몇 학자들은 다음과 같은 실험을 했다.[9]

연구 대상은 대학원에 진학하기 위해 GRE 시험을 준비하는 학생들이었다. 그들은 실제 GRE 시험장과 거의 같은 곳에서 모의 GRE 시험을 치렀다. 이때 실험 집단과 통제 집단을 나눠 두 집단 모두에게 모의시험 실시 직전 실험 목적이 무엇인지를 스크린으로 안내했다. 그다음 통제 집단은 바로 시험문제에 돌입했고, 실험 집단에게는 짧고 간략한 안내문 하나가 더 제시되었다. 바로 긴장감이 학업 성취에 도움을 준다는 내용이었다. 연구 결과 긴장감이 학업 성취에 도움을 준다는 메시지를 받고, 그것을 믿은 실험 집단은 통제 집단보다 성적이 더 좋았다.

연구자들은 이러한 메시지가 그들의 긴장감을 낮춘 것은 아닌지 의문을 가졌다. 그래서 시험 전과 후의 스트레스 호르몬을 비교한 결과 긴장감에 대한 메시지를 받은 집단이 그렇지 않은 집단보다 스트레스를 더 많이 받았다는 것을 발견했다. 긴장이 성과에 도움이 된다는 메시지는 학생들의 긴장감을 낮추는 데 도움이 되지 않았던 것이다. 더불어 이 메시지를 받아들인 학생들의 경우 스트레스가 크면 클수록 더 좋은 성적이 나온 것을 확인할 수 있었다.

그 후 3개월 뒤, 실제 GRE 시험을 치른 학생들을 인터뷰한 결과 3개월 전에 받은 메시지가 여전히 그들에게 긍정적으로 작용했음을 알 수 있었다.

스트레스는 성공의 길로 가는 중요한 에너지

누구나 시험이나 중요한 면접, 발표 등을 앞두고 긴장한다. 때로는 떨지 않기 위해 청심환을 먹기도 하고, 기도를 하거나 명상도 한다. 그런데 이러한 연구들이 보여주는 것은 긴장감이나 스트레스가 반드시 막아야만 하는 존재가 아니라는 점이다. 긴장을 하더라도 그 긴장감을 내가 어떻게 바라보는지에 따라 성과에 도움이 될 수도 있고, 아닐 수도 있다.

긴장감 자체가 결과에 영향을 주는 것이 아니라 긴장감이나 불안, 스트레스를 받아들이는 마음가짐이 성과에 영향을 미치는 것이다. 따라서 우리가 이런 스트레스를 도움이 되는 요소로 볼 줄 안다면 그것들은 우리를 성공의 길로 이끄는 중요한 에너지 중 하나가 될 수 있다.

아프면
병원에 가라

공황장애에 걸리다

요즘 우리에게 가장 익숙한 질병 중 하나가 공황장애다. 자칭 공황장애 전도사인 예능인 김구라부터 이경규, 정형돈, 차태현, 현아, 이병헌, 강다니엘에 이르기까지 너무도 많은 연예인들이 공황장애를 고백했다. 항상 밝게만 보이는 연예인들까지 공황장애를 고백하면서 공황장애의 또 다른 별명 중 하나가 일명 '연예인병'이 되었다. 대중의 시선 속에 사는 연예인들의 직업 특성상 이런 증상을 호소할 정도로 스트레스가 클 수밖에 없고, 연예인들이 흔하게 걸릴 수 있는 질환이라서 붙여진 별명이다.

그러한 공황장애를 나 또한 앓았다. 이상 증상으로 병원에 가서 검사를 받았는데, 공황장애라는 진단이 나온 것이다. 많은 연예인들이 겪는 그 병을 내가 겪을 것이라고는 생각하지 못했기에 처음에는 의사 선생님의 말씀이 곧바로 이해되지 않았다. 그래서 "저는 사람들 앞에 서는 데 두려움도 없고, 사회생활도 잘하고 있는데요"라고 말하며 횡설수설했다.

심리학을 전공하면서 사람들에게 "상담을 받는 건 부끄러운 일이 아니에요. 몸이 아프면 병원에 가듯이 마음이 아프면 치료받을 필요가 있어요"라고 해왔는데, 중이 제 머리 못 깎는다고 막상 나는 약을 먹어야 할 정도로 증상을 방치했다는 사실에 당혹스러웠다. 그래서 몇 달 넘게 다른 사람들은 물론 가족들에게도 말하지 못했다.

두려웠다. 심리학을 공부하고 가르치는 사람이 정작 자기 마음이 병든 줄도 모르고 있었다는 사실과 그로 인해 비난이나 조소를 받을지도 모른다는 생각으로 무서웠다. 요즘은 흔한 질환이라지만, 그래도 입이 떨어지지 않았다. 결국 가족들에게 털어놓았을 때 남편과 친정 식구들은 많이 놀라면서도 최대한 나를 배려해주려고 노력했다.(참고로 시댁 식구들에게는 많이 놀라실까 봐 아직 이야기를 하지 못한 상태다.) 그러나 가족들이 이 사실을 담담하게 받아들이려 한다고 해도 완전히 수용하기에는 매우 놀랍고 벅찬 일이었다.

TV에서 연예인들이 언급하면서 공황장애라는 말이 익숙한 단어가 되었지만, 막상 나와 가족, 주변에서 일어났을 때는 이야기가 달라진다. 공황장애를 밝힌 후 가족들에게 자주 들었던 말 중 하나는 '네가 마음만 먹으면 얼른 나을 수 있어', '빨리 나아서 약을 끊어야지'였다. 그럴 때마다 나는 그들이 내 질환을 생각보다 받아들이기 힘들어한다는 것을 느꼈다. 그리고 무엇보다도 내가 약을 먹는다는 사실에 어떠한 우려와 거부감을 가지고 있다고 느꼈다.

약에 대한 우려나 거부감은 가족들에게서만 느낀 것은 아니었다. TV에서 많은 연예인들이 공황장애 약을 복용한다는 말을 하지만 그건 어디까지나 연예인이기에 그런가 보다 할 수 있는 부분이었다. 일반 사람들이 정신과 진료를 받고 정신과 약을 복용한다는 것은 여전히 많은 사람들에게 거부감과 불편함을 불러일으켰다.

약을 먹는 것에 대한 거부감

교양수업 때 학생들에게 10분에서 15분 정도 발표를 시키곤 했다. 불교와 심리학에 대한 수업이었기 때문에 자신의 전공이나 관심 분야를 불교와 연관 지으면 되었다. 학생들의 발표 주제는 매우 다양했는데, 매 학기 등장하는 주제 중 하나가 바로 명상이었다.

명상이 불교에서 비롯된 것은 아니지만, 명상이라고 하면 보통 가부좌를 틀고 앉아 기도하는 스님들을 떠올리기에 이 주제가 자주 선택된 듯하다. 게다가 학교에는 명상 수업이 필수 과목으로 있다 보니 그 경험을 바탕으로 하는 개인의 사례부터, 명상이 주는 이점, 명상 방법 등 다양한 주제들이 다루어졌다. 그런데 명상에 대한 이점을 발표할 때 자주 등장하는 이야기 중 하나가 스트레스나 다양한 정신질환에 대한 효과였다. 발표 중 '스트레스나 우울증, 공황장애로 힘들다면 약을 먹기보다는 명상을 해보세요'라고 말하는 학생들이 꽤 있었다.

나는 발표자들에게 '왜 약을 먹는 것보다 명상을 하는 게 더 낫다고 보는지', '약을 먹는 게 왜 잘못됐다고 생각하는지' 물었다. '약을 먹는 것보다'라는 말에는 정신과 약을 복용하는 것에 대한 거부감과 불편함이 은연중에 깔려 있다고 생각되었기 때문이다.

정신과 약을 복용하는 것을 어떻게 생각하느냐고 물어보면 학생들의 절반 이상이 부정적 반응을 보였다. 그 이유는 다양했는데 대표적인 것은 약으로 인한 변화가 약물을 복용할 때만 일어나는 일시적인 효과라는 점 때문이었다. 따라서 약물이 마음을 치료하는 진정한 치료법이 될 수 없다는 것이다. 또한 약물을 통한 변화는 진실한 자신의 모습이 아니라는 것도 약물 복용에 거부감을 갖는 큰 이유 중 하나였다. 많이 보편화되었다지만 여전히 많은 사람들이 정신과 약에 대한 거부감을 가지고 있었다.

원래 비관적으로 태어난 사람은 어떡해

내가 증상을 참다못해 정신과까지 갈 수 있었던 것은 앞에서도 언급한 조너선 하이트의 《행복의 가설》이라는 책 덕분이었다. 정신과에 대한 관심은 있었지만 아이러니하게도 내가 심리학을 가르치는 전공자였기에 막상 그곳에 갈 용기는 나지 않았다. 상담도 아니고 정신과에서 약물 치료를 한다는 것에 대해 나 역시 꽤 거부감이 있었던 것 같다. 타인의 시선도 많이 신경 쓰였던 것이 사실이다. 그러다 읽게 된 조너선 하이트의 책은 내 생각을 단번에 바꿔놓았다. 10페이지도 채 되지 않는 약물 치료에 대한 내용이 나에게 치료받을 용기를 준 것이다.

책에서 인용한 연구에 관해서는 이견이 있을 수 있지만, 내용을 빌려오면 다음과 같다. 1980년대 위스콘신 대학교의 심리학과 교수 리처드 데이비슨에 의하면 전두엽의 비대칭은 사람들의 긍정적 성향이나 부정적 성향과 관련이 있다고 한다. 좌뇌 활동성이 더 높은 사람은 우뇌 활동성이 높은 사람보다 긍정적 감정을 더 많이 느끼고, 반대로 수치나 불안, 두려움 같은 부정적 감정은 덜 느낀다는 것이다. 이후 연구에 따르면 좌뇌 활동성이 높은 사람들은 우울증에 걸릴 확률이 더 낮고, 부정적인 경험에서 더 빠른 회복력을 보여주었다고 한다. 그리고 이런 피질상의 차이는 유아에게서도 나타나며 성인기까지 이어져 성격의 한 측면으로 반영될 수도 있다는 것이다.

이것은 성격이 유전에 의해서만 결정된다는 것을 의미하지는 않지만, 분명 유전적인 요인도 무시할 수 없음을 뜻한다. 조너선 하이트는 이렇게 말했다.

"운 좋게도 피질 복권에 당첨된 사람들, 즉 천성적으로 낙천적이고 긍정적인 기질을 타고난 사람들이 근면의 중요성과 화학적 지름길의 부자연스러움을 두고 왈가왈부하기는 쉬운 일이다. 그러나 자신의 의지나 결함과는 상관없이 부정적이고 비관적인 성향을 타고난 사람들에게 프로작(선택적 세로토닌 재흡수 억제제로 공황장애, 우울증, 강박증 등을 치료하는 데 사용된다)은 피질 복권의 불공평성을 상쇄할 수 있는 한 가지 방법이다."

약은 '진정한 자아'를 배반하는가

집중력이 향상되는 약이 개발되었다고 하자. 의학적으로나 법률적으로 문제되지 않는다면 당신이나 자녀를 위해 그 약을 구입할 의향이 있는가? 혹은 영화 〈매트릭스〉처럼 뇌에 특정 기술을 주입함으로써 운전이나 헬기 조종, 혹은 다른 기술을 단번에 배울 수 있다면 어떻게 하겠는가?

영화 같은 이야기들은 실제 과학계에서 이루어지고 있는 연구들이다. 아직 완벽하게 실현되지는 않았지만 고통스러운 기억을 행복한 기억으로 바꾼다든지, 배운 적 없는 기술을 뇌에 주입함으로써 시행착오 없이 바로 학습 가능하게 하는 방법들이 세계 여러 곳에서 연구되고 있다.

만약 이런 약물이나 기술을 통해 집중력이 향상되거나 부족한 능력이 보완된다면 당신은 이 약물을 복용하겠는가? 아니면 오랜 노력에 의해 습득된 것이 아니기 때문에, 약물로 인한 변화가 진실된 자신의 모습이 아니라며 거부하겠는가?

조너선 하이트는 이런 질문과 함께 피질 복권에 당첨되지 못한 이들에게 프로작 같은 약물의 처방은 시력이 나쁜 사람들에게 콘택트렌즈를 선물하는 것과 같다고 비유한다. 이때 "콘택트렌즈는 '진정한 자신'을 배반하는 것이기는커녕 정상적인 기능을 회복하기 위한 합리적인 지름길"이라는 것이다.

앞에서도 이야기했듯이 이성적 노력만으로는 자신을 바꾸기 힘들다. 따라서 실제 타고난 감정 성향에 차이가 있다면그간격을 줄이기 위한 약물 복용은 진실하지 않은 것이 아니라, 어쩌면 지금보다 더 이상적인 자아에 도달하기 위한 하나의 방법이라고 할 수 있다.

약, 진작 먹을걸 그랬다

내 경우 약물 복용은 공황장애나 강박증 치료에 큰 도움이 되었다. 약물 치료를 받으러 병원에 가기 전까지 최대한 운동이나 인지요법, 혹은 각종 도움이 된다는 식품들을 섭취하며 극복하려 했지만 한계가 있었다. 그 과정에서 내 증상들을 방치했고, 결국은 증상을 더 키우는 꼴이 되고 말았다. 작은 구멍일 때 막았으면 될 일을 겁을 먹고 방치하다가 둑을 무너뜨린 것이다. 초기에 고칠 수 있는 암을 민간요법이나 운동으로 치유하겠다고 고집을 부리다가 말기가 되어서야 병원에 가는 것과 같았다.

확실히 약물 복용은 30년 넘게 한 노력보다 더 빠르게 나를 바꿨다. 이전보다 감정적 균형을 맞추는 데 도움을 준 것이다. 심지어 약을 먹으면 살이 빠진다는데 너무 마음이 편안해진 탓인지 도리어 식욕은 늘었다.

사실 약물 복용과 관련하여 많은 사람들이 우려하는 것 중 하나는 정신과 약의 의존성 부분이다. 그러나 이는 의사의 진료를 제대로 따르지 않을 때, 즉 증상이 좀 좋아졌다는 개인적 느낌만으로 의사의 진단과 상관없이 환자가 임의로 약을 간헐적으로 복용할 때 나타날 가능성이 크다.

지금 나는 처음보다 훨씬 약을 줄인 상태다. 그렇지만 나의 감정적 균형은 약물을 복용하기 전보다 더 낫다. 그렇다고 해서 반드시 약을 먹으라는 것은 아니다. 다만 정신과 약이 '진실한 자아'를 왜곡하지는 않으며, 몸이 아파서 약을 먹듯이 감정 역시 극심한 신체 호르몬의 불균형으로 인해 나타날 수 있는 문제라고 바라봐 줬으면 하는 것이다. 그저 이 또한 몸을 치료하는 과정으로 바라보며, 나처럼 오랜 기간 방치하는 일이 없으면 좋겠다. 아프면 병원에 가라. 그래야 빨리 낫는다.

뇌는 한번 망가지면 끝일까

할머니의 뇌졸중 판정

2년 전 몹시 추운 어느 겨울, 외출을 하셨던 할머니께서 쓰러지셨다. 처음에는 가벼운 어지럼증을 호소하셨는데, 이전에도 비슷한 일이 있었기에 큰 문제가 있음을 발견하지 못했다. 그런데 어지럼증은 3일 동안 계속되었고 가족들은 구급차를 불러 할머니를 병원으로 옮겼다. 그리고 검사 결과 뇌졸중 판정을 받으셨다.

골든타임을 놓친 탓에 할머니의 신체 일부에 마비가 왔다. 그래서 입원 후 재활요양병원에서 4주 정도 재활훈련을 하셨고, 퇴원 후 가족들의 스파르타식 재활치료가 시작됐다. 아흔 살이 넘은 할머니를 틈나는 대로 실내 사이클에 앉혀 계속 자전거 페달을 밟게 했는데 하루에 한두 시간은 필수적으로 하신 것 같다. 그런 탓일까. 할머니의 움직임은 예전보다 나아지셨다. 나중에는 턱받이가 필요하긴 했지만 혼자 식사도 가능하고, 지팡이에 의지해 혼자 걸어 다니시기도 했다.

흔히 뇌졸중은 초기에 재활치료가 중요하다고 한다. 그러나 재활센터에서 받을 수 있는 치료 기간은 한정적이고, 퇴원 후 재활치료를 그만두는 경우가 대부분이다. 그러면 환자는 신체 마비가 어쩔 수 없는 것이라 여기며 그냥 살아간다. 나 역시 하나의 사례를 읽지 않았더라면 뇌졸중 후 신체의 마비는 회복될 수 없다고 여겼을 것이다. 도리어 할머니에게 주어진 운동이 너무 버거운 것이라고 생각했을지 모른다.

뇌의 기능은 우리의 통념을 뛰어넘는다

최근까지 신경학자들의 상당수는 두뇌 국지성을 지지했다. 두뇌 국지성이란 뇌의 각 영역이 특정 기능을 담당하고 있으며 (예를 들어 시각피질은 보는 역할, 왼쪽 하측 전두엽의 브로카 영역은 말을 하는 역할 등), 성인이 된 후 뇌의 특정 부위에 손상을 입으면 그 부위와 관련된 기능을 완전히 상실한다고 보는 것이다. 따라서 뇌졸중 후 재활치료를 하더라도 뇌는 이미 손상되었기 때문에 완전한 회복이 불가능하다고 여겼다.

그러나 의사인 폴 바크-이-리타(Paul Bach-y-Rita)의 아버지 사례는 기존의 뇌 국지성과는 완전히 상반되는 이야기를 들려준다. 그의 아버지는 뇌졸중으로 안면과 신체의 절반이 마비되었고, 말하는 것조차 거의 불가능했다. 주위 사람들은 더 이상 회복 가능성이 없으니 아버지를 의료시설에 모시라고 권유했다. 아버지는 병원에서 4주 정도 재활치료를 받았지만 나아지는 기색이 없었다. 그런데 재활에 대해 무지했던 그의 동생 조지는 기존의 상식적인 재활 방법들을 무시한 채 자기 나름의 방식으로 아버지의 재활치료를 시도하기 시작했다. 그 방법이란 완전히 생애 처음으로 돌아가는 것이었다.

사람은 태어나자마자 곧바로 걷지 못한다. 걷기 전에 기는 과정을 거친다. 그래서 조지는 아버지에게 아기처럼 바닥을 기는 것부터 가르쳤다. 이웃들은 개처럼 걷는 것이 보기 흉하다고 했지만 조지는 멈추지 않았다. 긴 시간이 걸렸지만 포기하지 않았고, 아버지는 기는 것에서 서는 것, 그리고 서서 움직이는 것까지 가능해졌다. 말하는 것도 처음에는 거의 불가능했으나 나중에는 글을 쓰고, 마비된 손을 움직여 타이핑이 가능한 상태까지 이르렀다. 그 후 신체 기능이 어느 정도 회복된 뒤 아버지는 대학에서 강의도 하고 재혼까지 했다.[10]

두뇌가 손상되었다가 훈련을 통해 손상 이전의 생활로 돌아가는 경우는 매우 드물다. 따라서 신경학자들은 폴의 허락하에 사후 아버지의 뇌를 검시했는데, 그 결과는 놀라웠다. 아버지는 오랜 재활훈련을 통해 일상생활이 가능했지만, 손상된 뇌 부위가 다시 생성되지는 않았던 것이다.

아버지의 망가진 뇌는 전혀 회복되어 있지 않았다. 뇌의 대부분은 손상된 상태 그대로였고, 제대로 작동할 수 있는 부분은 극히 일부에 불과했다. 그러나 훈련을 통해 남아 있는 뇌가 재조직되면서 손상된 두뇌의 기능들을 하게 된 것이다. 이를 통해 뇌졸중이었음에도 그의 아버지는 일상적인 생활을 할 수 있었다.

뇌는 제 기능을 재조직한다

폴의 아버지가 보여준 회복력은 매우 놀라운 것이다. 앞에서 말했듯이 최근까지만 해도 뇌 국지성 이론이 당연시되어 왔다. 뇌의 특정 부위가 손상되면 그 부위가 하는 역할은 영원히 상실된다고 보았다. 그러나 폴의 아버지 사례는 손상된 뇌 부위들이 다시 회복되지는 않아도, 훈련을 통해 뇌가 기능을 재조직하여 일상생활이 가능해질 수 있다는 것을 보여준다. 이처럼 학습이나 환경에 따라 뇌세포가 성장하거나 유동적으로 변하는 것을 뇌 가소성이라고 하는데, 뇌 가소성 연구는 이외에도 매우 놀라운 사실들을 제시한다.

신경학자 안나(Anna)와 연구진들은 동물의 시신경을 시각피질이 아닌 청각피질에 연결했다. 듣는 역할을 하는 청각피질과 시신경을 연결하자 두뇌는 스스로 재조직되어 청각피질임에도 보는 역할을 할 수 있다는 것이 발견되었다.[11] 또 다른 실험에서는 폴 바크-이-리타가 '촉각-시각 장치'를 발명했는데, 폴은 선천적인 맹인을 대상으로 이 장치를 사용하여 그들이 촉각을 통해 '보는' 경험을 하도록 했다.[12]

이런 뇌 가소성 연구들에 대해 알게 된 후 나는 생각했다. 할머니가 4주 정도의 재활치료 후 아무런 조치도 취하지 않았다면 혼자 지팡이를 짚고 걷거나 숟가락을 들고 식사를 하는 것이 가능했을까. 도리어 가족들이 기존의 뇌 국지성 이론을 몰랐기에 폴의 아버지처럼 할머니에게 적용한 훈련이 신체 마비를 푸는데 도움이 된 것은 아니었을까 하고 말이다.

뇌에 대한 사고방식을 전환할 때

몇 가지 연구들을 통해 우리는 뇌가 고정된 것이 아니라 노력이나 생각을 통해 재배선되어 변화 가능하다는 것을 알게 되었다. 바꿔 말하면 뇌에 대한 기존의 사고방식(뇌 국지성 이론에 대한 지지)이 뇌졸중을 비롯한 많은 환자들의 삶을 어떻게 더 불편하게 만들어놓았는지를 짐작하게 한다.

폴과 동생 조지가 뇌 국지성에 대해 강한 믿음을 가졌다면 그들 역시 4주 후 아버지의 재활치료를 포기했을 것이다. 그리고 아버지를 요양시설에 맡길 수밖에 없었을지 모른다. 뇌 국지성에 대해 잘 몰랐던 조지는 아버지에게 아기 때로 돌아가 처음부터 단계적인 훈련을 시도함으로써 뇌의 재배선을 가능하게 했다. 이 훈련을 통해 손상된 뇌 부위가 회복되지는 않았지만, 손상되지 않은 뇌의 일부만을 가지고 일상생활이 가능했던 것이다.

이처럼 뇌가 재조직될 수 있다는 사실이 중요한 이유는 많은 이들이 경험하는 여러 신체적, 정신적 한계가 그들의 믿음에 의한 문제일 수 있음을 의미하기 때문이다. 뇌 가소성 사례들은 당신의 신체가 당신의 한계를 만들기도 하지만, 때로는 기존의 사고방식이 당신을 얽매는 가장 큰 장애물이라는 것을 증명한다. 따라서 우리는 이러한 연구들을 통해 지금까지 우리가 믿었던 뇌에 관한 사고방식과 더 나아가 여기에 기반한 삶의 태도 전반을 바꿀 필요가 있다.

나는 늙어서 기억력이 예전 같지 않다고 체념하며 살 것인가, 아니면 기억력 역시 나의 사고방식에 따라 달라질 수 있다고 믿고 노력할 것인가? 어느 선택을 하느냐에 따라 결과는 분명 달라질 수 있다. 실제 80세 노인이 기억을 단련해서 55세 때의 능력을 회복한 연구도 있다. 이를 통해 알 수 있듯이 당신이 스스로의 사고방식 때문에 더 늙고 있음을 인지한다면 우리는 어제보다 더 젊은 내일을 살 수 있을 것이다.

사고방식이 바뀌는 데 걸리는 시간, 고작 60분

너무나 당연한 노력이라는 말

고등학교 3학년 때 담임선생님이 말씀하셨다. 서울대학교는 머리만 좋아서는 갈 수 없다고, 머리뿐 아니라 성실함도 있어야 한다고 말이다. 이런 이야기는 응당 대학에만 해당하는 것이 아니다. 많은 자기계발서들은 말한다. 성공을 위해서는 재능도 중요하지만 그만큼 노력해야 하며 목표에 대한 열정과 끈기가 중요하다고…….

그뿐이 아니다. 사람이 '바뀌기' 위해서도 노력은 언제나 필수 불가결의 요소처럼 여겨진다. 참고 인내하며 원하는 것을 이루기 위해 포기하지 않고, 방해가 되는 것은 억누르며, 끝까지 노력해야만 바뀔 수 있다는 것이다. 그것도 아주 많은 시간 동안 아주 많은 노력을 해야 한다.

변화든 성공이든 내가 가진 모든 에너지를 쏟아부어서 오랜 시간에 걸쳐 노력할 때만 달성할 수 있다. 너무도 당연하고 누구나 잘 아는 말이지만 이런 말을 들을 때면 왠지 모를 답답함을 느낀다. 그리고 노력 또한 일종의 타고난 특성이나 재능일지도 모른다는 생각이 든다.

누구나 성공하고 싶고, 부지런하고 싶고, 남들 잘 때 열정적으로 일하고, 게으름과 귀찮음 따위는 서랍 저 깊숙한 곳에 넣어서 눈에 띄지 않게 하고 싶다. 혹은 그런 것들이 내 삶과 성공, 목표를 가로막지 않게 하고 싶다. 그럼에도 불구하고 나는 쓰던 글을 멈추고 TV 리모컨을 누르고, 다이어트를 하던 누군가는 냉장고 문을 열어 아이스크림 한 통과 숟가락을 꺼낸다. 누군가는 보던 책을 덮고 게임을 할 수도 있고, 또 다른 누군가는 작업하던 노트북을 '잠시'라는 이름으로 방치한 채 이끌리듯 침대로 가서 낮잠을 잘 수도 있다. 그러고는 지나간 시간과 자신의 행동을 후회하며 스스로를 못난 사람이라고 자책한다.

더욱 최악은 '이래서 나는 성공할 수 없다'고 좌절하는 것이다. 새벽 4시에 일어나 자기 일을 하고, 일에 미쳐 12시간 넘게 한 가지에만 몰두하는 사람들을 나와는 결이 전혀 다른 사람이라고 믿는다. 그래서 그들은 성공할 수 있지만 나는 성공할 수 없고, 영원히 바뀔 수 없다고 생각하는 것이다. 그런데 정말 그 정도로 엄청난 노력을 하지 않으면 사람은 바뀔 수 없는 것일까?

단 1시간의 개입이 가져오는 효과

사고방식의 전환에 대해 연구하는 그레그 월튼(Greg Walton)은 아이비리그 신입생들을 대상으로 '간단한 심리학적 개입' 연구를 실시했다. 신입생들의 일반적인 사고방식을 바꿔서 그들이 대학 생활에 잘 적응하도록 돕는 것이다. '간단한(brief)'이라는 단어에서 알 수 있듯이 학생들의 사고방식을 바꾸기 위해 개입된 시간은 고작 1시간이었다. 그리고 그 1시간이 4년 동안의 대학 생활에 긍정적 영향을 미쳤음이 발견되었다.[13]

월튼이 대학 신입생들을 통해 바꾸고자 한 것은 사회적 소속감에 관한 것이었다. 대부분의 사람들은 새로운 환경에 놓이면 소속감 문제로 고민한다. 어떻게 적응해야 할지, 잘 적응하고 있는지, 남들은 잘 어울리는 것 같은데 나만 겉도는 것은 아닌지 걱정한다.

소속감으로 인한 스트레스는 성적이나 성과 저하, 타인에 대한 불신, 가면 증후군 같은 문제들을 낳을 수 있다. 그래서 월튼은 아이비리그 신입생들을 대상으로 누구나 처음에는 소속감 문제로 고민하지만, 그것이 영구적인 것은 아님을 인식시키고자 했다.

월튼은 대학 선배들에게 그들 역시 입학 초 비슷한 문제로 고민했으며, 그 문제들을 어떻게 잘 해결했는지에 대해 간단한 글을 써달라고 부탁했다. 그리고 대학 신입생들에게 선배들의 글을 보여주었다. 신입생들은 선배들의 글을 읽고 자신의 사례에 빗대어, 처음에는 새로운 환경에 적응하는 문제로 고민했지만 결국 잘 적응했던 이야기를 에세이로 썼다. 그리고 자신이 쓴 글을 카메라 앞에서 읽었다.

심리학적 개입은 그게 전부였다. 선배들의 글을 읽고, 자신의 사례를 빗대어 글을 쓴 후, 카메라 앞에서 읽는 게 다였다. 이 과정은 1시간 정도밖에 걸리지 않았다.

그런데 실험에 참여했던 흑인 학생들(실제로 흑인 학생들이 대학 입학 후 소속감 문제로 고민하며, 그들의 건강이나 성적에 영향을 미친다는 다양한 연구가 있다)은 그렇지 않은 학생들보다 성적이 좋았고, 삶에 대한 만족도가 더 높았다. 그리고 이 결과는 그들이 졸업할 때까지 지속되었다. 1시간의 아주 간단한 심리학적 개입이 개인의 사고에 뿌리를 내려 졸업할 때까지 긍정적인 영향을 미친 것이다.

이와 같은 연구는 그레그 월튼의 실험 말고도 다양하다. 고등학생들을 대상으로 비슷한 연구를 한 경우도 있다. 30분 정도의 심리학적 개입으로 지능이 변화할 수 있다는 것을 고등학교 신입생들에게 인식시키는 것이었다. 연구를 진행한 결과 참여 학생들의 성적과 삶의 만족도는 그렇지 않은 학생들보다 훨씬 향상되었다. 이처럼 간단한 심리학적 개입이 개인의 사고방식을 변화시켜 순식간에 그들의 삶에 긍정적 영향을 미친 것이다.[14]

그러나 이러한 연구를 하는 사람들은 이 방법이 너무 간단해 보여서 고민이라고 말한다. 단시간의 심리학적 개입만으로 개인이 변화했다는 것을 사람들은 잘 믿지 못한다는 것이다. 심지어 이를 마치 해리 포터의 마법이라도 되느냐고 비아냥거리는 경우도 많다고 한다. 아무리 다양한 실험을 통해 그 결과를 증명해도 사람들은 회의적이고 비관적으로 바라본다는 것이다.

어쩌면 이 글을 읽고 있는 당신도 마찬가지일지 모른다. 엄청난 노력을 하지 않고 이렇게 간단한 방법만으로 사람이 변할 수 있을까? 그것이야말로 마법이거나 사기가 아닐까. 게다가 이를 연구하는 학자들은 아직 그 메커니즘을 설명하기 어렵다고 하니 물고 뜯기에 딱 좋은 상황이다.

노력이 필수라는 생각의 함정

아이러니하게도 사람들은 성공이나 변화의 '지름길'을 찾으면서도 막상 지름길을 제시하면 의심하고 거부한다. 나는 사람들의 이러한 사고 저변에 일종의 고착화된 특정 사고방식이 있기 때문이라고 생각한다. 바로 '성공과 변화는 많은 노력을 해야만 얻을 수 있다'는 생각이다.

기원전 알렉산드리아의 프톨레마이오스 1세는 유클리드(그리스어로 에우클레이데스)에게 기하학을 더 쉽게 공부할 방법이 없는지 물었다. 유클리드는 '기하학에는 왕도가 없습니다'라고 말했고, 이것이 현대에 와서는 '공부에는 왕도가 없다'는 말로 응용되었다. 학문에는 지름길이 없으니 꾸준히 익히고 노력해야 한다는 것이다.

이러한 생각은 공부뿐 아니라 일이나 성공에도 적용되었다. 우리는 무언가를 바꾸거나 얻기 위해서 엄청난 노력이 필요하다고 생각한다. 그래서 '삶의 지름길'을 원하면서도 막상 그러한 지름길을 제시하는 사람들을 사기꾼 취급한다.

어쩌면 심리학적 개입 연구를 방해하는 가장 큰 요인은 '변화나 성과는 엄청난 노력을 통해서만 이루어질 수 있다'는 사고방식 그 자체일지 모른다. 너무 쉽게 얻은 것은 쉽게 사라진다는 말처럼, 30분에서 1시간 정도의 심리학적 개입만으로 개인의 삶이 바뀔 수 있다는 것은 마치 사기꾼의 달콤한 속삭임처럼 들릴 수 있으니 말이다. 그래서 우리는 이러한 연구들에 열광하기보다는 비난한다. 그리고 엄청난 열정과 끈기, 노력이 있어야만 성공할 수 있다는 이야기들에 더 환호한다. 그러나 현실적으로 그만큼의 열정과 노력을 발휘할 수 있는 사람은 세상에 절반도 되지 않는다. 더구나 나머지 절반은 '나는 안 돼'라고 생각하며 좌절하고 포기한다.

그러나 다양한 심리학적 개입 연구들은 말한다. 아주 간단한 심리학적 개입만으로도 하나의 생각이 당신의 마음속에 뿌리를 내리면 자신이 의식하지 않아도 무럭무럭 자라난다고 말이다. 그렇다고 해서 개인의 노력을 과소평가하는 것은 아니다. 다만 성공과 변화는 굉장한 노력과 시간을 투자해야만 가능하다는 사고방식이 어쩌면 당신의 변화를 가로막는 가장 큰 방해물일지 모른다는 것을 말하고자 하는 것이다.

아주 짧고 사소한 것이 주는 삶의 변화

노력은 의미 있다. 열정을 가지고 끈기 있게 어떤 일을 한다는 것은 매우 가치 있으며, 노력하지 않는 사람보다 더 나은 성과를 거둘 가능성이 높다. 그러나 때때로 변화는 아주 사소한 것에서 일어나기도 한다. 하나의 짧은 글을 읽는 것만으로도, 혹은 쓰는 것만으로도 당신의 사고방식에 변화를 가져올 수 있다.

스트레스에 대한 강점을 이야기하는 고작 3분짜리 영상[15]을 본 것만으로 스트레스 상황에서 신체의 호르몬 반응이 달라진다는 연구 결과가 있다.[16] 이 연구에서 한 집단에게는 스트레스가 주는 해로움에 대한 비디오를 보여주었고, 다른 집단에게는 스트레스가 주는 이점에 관한 비디오를 보여주었다. 둘 다 강조하는 내용은 같았다. 스트레스가 기억력, 성과, 집중력, 의사 결정에 부정적인 영향을 미치기도 하고, 긍정적인 영향을 미치기도 한다는 것이었다. 그리고 스트레스의 이점에 관한 비디오를 본 집단은 스트레스 수치가 낮아지지는 않았지만, 스트레스 대처 호르몬인 DHEA의 분비가 그렇지 않은 집단보다 더 높았다. 고작 3분의 비디오가 이런 차이를 만든 것이다.

이처럼 모든 변화는 항상 엄청난 노력만을 요하는 것은 아니다. 그러니 기억하라. 많은 노력을 해야만 변할 수 있다는 당신의 생각 자체가 사실은 당신을 앞으로 나아가지 못하게 붙잡는 가장 큰 장해물일지도 모른다는 사실을 말이다.

4장

최악의 상황은 언제나 있는 법

예상은 성숙한 방어기제다

개발도상국의 자원봉사자들

미국 케네디 대통령 시절 자원봉사자들을 개발도상국으로 보내는 평화봉사단이 창설되었다. 봉사자들은 2년 동안 교육, 농업, 무역, 보건 등의 지원을 위하여 파견되었으며, 그 나라의 말을 쓰고 그 나라의 문화와 관습에 적응해야 했다.

개발도상국에서의 생활은 미국에서의 삶보다 많이 불편했으며, 그 나라의 언어와 문화를 따르는 것도 쉽지 않았다. 그래서 봉사자들 중에는 현지 생활에 잘 적응하지 못해 우울증에 빠지는 사람들도 있었다. 이에 심리학자들은 봉사단원들 중 개발도상국에서 잘 적응하는 사람과 그렇지 않은 사람의 차이에 대해 연구했다.

부정적인 사람도 긍정적인 사람도 아닌 '예상'하는 사람

과연 저러한 환경에서 잘 적응한 봉사단원과 그렇지 않은 봉사단원의 차이는 무엇일까?

수업에서 학생들에게 위와 같은 질문을 던지면 대부분의 학생들은 긍정적이거나 낙관적인 사람들이 새로운 환경에 더 잘 적응했을 것이라고 추측한다. 그럼 실제로도 그럴까?

정답은 긍정적인 사람도, 그렇다고 부정적이거나 비관적인 사람도 아니었다. 분명 개발도상국에서의 생활은 자국의 삶보다 불편했고, 그 나라의 언어와 문화에 적응하기도 쉽지 않았다. 따라서 막연한 낙관주의나 비관적인 생각을 가진 사람들은 적응에 어려움을 겪는 경우가 많았다. 반면 개발도상국에서의 어려움을 미리 고려한 사람들, 거기에서의 어려움을 사전에 예상하고 간 사람들이 현지에서 가장 잘 적응했다.

심리학적 방어기제, 예상은 매우 성숙한 방어기제

프로이트는 마음의 구조를 자아(Ego), 초자아(Super Ego), 이드(Id), 세 가지로 분류한다. 여기서 이드는 일종의 본능이라고 할 수 있고, 초자아는 상위 자아로서 도덕의 원리라고 볼 수 있다. 쉽게 말해 이드가 원초적 본능에 가깝다면, 죄책감이나 두려움을 느끼는 양심은 초자아에 속한다. 그리고 욕구와 양심 사이에서 중개자 역할을 하는 것이 '자아'다. 정신분석학에서는 욕구와 양심 간의 갈등을 조절하고 성숙한 삶을 살기 위해서는 자아의 역할이 중요하다고 본다.

예를 들어 당신이 사흘을 굶었는데 돈은 없고 지나가는 빵집에서 맛있는 빵 냄새가 난다고 하자. 이드를 따른다면 당신은 빵집에 들어가 빵을 훔칠 것이다. 하지만 빵을 훔치는 것은 도둑질이다. 이 경우 초자아가 발동하여 도둑질을 했다는 죄의식과 함께 경찰에 잡혀갈지도 모른다는 불안감을 만든다. 혹은 빵을 훔치기 전에 초자아가 이드를 강하게 억제할 수도 있다. 대신 당신은 배고픔이라는 욕구를 충족할 수 없게 된다.

이드를 따르자니 범죄가 되고, 초자아를 따르자니 배가 고프다. 이때 자아가 건강한 사람이라면 이드와 초자아 사이에서 적절하게 조절할 방법을 찾는다. 양심에 어긋나지 않으면서 이드의 욕구를 충족하는 것이다. 예를 들어 빵집에 들어가 주인에게 빵을 얻는 대신 일정 시간 일을 하겠다고 흥정할 수도 있다. 그렇게 빵을 얻으면 배고픔은 채우고 양심에도 어긋나지 않는다. 그래서 심리학에서는 자아가 건강해야 한다고 말한다(보통 자아가 강하다고 하면 고집이 세고 제멋대로인 사람을 떠올릴 수 있는데, 정신분석학에서 보면 그런 사람은 도리어 자아가 약한 사람일 가능성이 높다).

이때 자아가 욕구(이드)와 양심(초자아) 사이에서 자신을 지키기 위해 사용하는 것이 '심리학적 방어기제'다. 이러한 방어기제의 수는 분류하기에 따라 한없이 많을 수도 있고 적을 수도 있다. 이를 심리학자 조지 베일런트(George Eman Vaillant)는 크게 정신병적 방어기제, 미성숙한 방어기제, 신경증적 방어기제, 성숙한 방어기제라는 네 가지 범주로 분류하고 있다.

정신병적 방어기제는 보통 다섯 살 이하의 아이들이 사용한다. '정신병적'이라는 표현을 쓰는 이유는 다섯 살 이하의 아이가 사용할 때는 문제가 안 되지만, 성인이 사용할 경우에는 정신병처럼 보일 수 있기 때문이다. 정신병적 방어기제는 보통 있는 것을 없다고 하고, 없는 것을 있다고 하는 것이다. 예를 들어 영화 〈인사이드 아웃(Inside Out)〉에는 주인공의 어릴 적 상상의 친구 '빙봉'이 나온다. 빙봉은 다른 사람들 눈에는 보이지 않는 주인공의 마음속 친구다. 다섯 살 이전의 주인공은 실제로 존재하지 않는 빙봉을 자신의 친구라고 생각한다. 다섯 살 이전의 아이가 이러한 방어기제를 사용하는 것은 매우 자연스러운 일이다.

그다음 미성숙한 방어기제는 아직 이드와 초자아 사이를 조절할 능력이 부족한 청소년기에 사용하며, 성인들이 주로 사용하는 것은 신경증적 방어기제다. 신경증적 방어기제와 미성숙한 방어기제의 주된 차이는 대인관계에 얼마나 영향을 미치는지와 관련된다.

성인이 미성숙한 방어기제를 사용하면 인간관계에 문제를 일으킬 가능성이 높다. 반면 신경증적 방어기제는 초자아가 이드를 지나치게 억압함으로써 다른 사람들이 보기에는 별문제 없어 보이지만, 정작 자신은 심리적 에너지를 욕구를 억제하는 데 쓰느라 쉽게 지친다.

마지막으로 양심적(초자아) 문제를 일으키지 않으면서 욕구(이드)를 잘 충족하기 위해 사용하는 것이 성숙한 방어기제다. 그리고 이 성숙한 방어기제에 포함되는 것 중 하나가 바로 '예상'이다.

예상은 마음에 맞는 예방접종이다

한성열 교수는 《심리학자의 마음을 빌려드립니다》(21세기북스, 2014)에서 '예상'이라는 방어기제를 '마음에 예방접종을 맞는 것'과 같다고 묘사한다. 그분의 수업을 들었던 제자로서 예상이라는 방어기제를 매우 잘 나타내는 비유라고 생각한다.

우리는 독감을 대비해 예방접종을 맞는다. 이때 백신은 치료약이라기보다는 질병을 일으키는 미생물로, 소량을 몸에 침투시켜 질병에 대한 후천적 면역성을 부여하는 것이다. 예상이라는 방어기제가 바로 이 백신과 같다. 예상은 앞으로 닥칠 일에 대한 고통이나 어려움을 미리 시뮬레이션해봄으로써 막상 그 일이 닥쳤을 때 좀 더 수월하게 극복하도록 한다. 상처나 불안, 고통에 대비하여 심리적 면역성을 키우는 것이다.

이것은 쓸데없는 걱정과는 다르다. 쓸데없는 걱정이 일어날 확률이 매우 적은 일을 상상하며 불안에 떠는 것이라면, 예상은 발생할 수 있는 일을 회피하기보다는 마주함으로써 미리 닥칠 어려움을 고려해보는 것이다.

세상에는 예측 가능한 리스크와 예측할 수 없는 리스크가 있다. 예측할 수 없는 리스크는 말 그대로 발생할 확률이 매우 희박하므로 대비하기가 쉽지 않다. 그러나 우리는 어떤 행동의 결과들에 대해서는 미리 예측할 수 있다. 때때로 다가올 문제와 걱정을 마음속에서 애써 외면하지만, 결국 그 문제들과 마주할 때가 있다. 대부분의 사람들은 자신이 원하지 않았지만 이미 짐작했던 상황들과 마주했을 때 좌절하거나 후회한다. 전혀 예상하지 못했던 결과가 아닌데도 예상하기를 회피함으로써 사건이 발생했을 때 무너지는 것이다. 그래서 이를 대비하고자 사용하는 것이 예상이라는 방어기제다.

우리는 예상이라는 방어기제를 사용함으로써 앞으로 닥칠 어려움을 어떻게 이겨낼지, 아니면 그전에 미리 피할지를 선택할 수 있다. 따라서 예상이라는 방어기제를 사용한다는 것은 괴로운 미래의 일을 있는 그대로 받아들이면서도 삶에 대한 통제권을 어느 정도 자신이 갖는다는 것을 뜻한다.

'좋은 게 좋은 거'라는 신화를 깨자

앞으로 더 좋아질까

대학생 때 만난 남자친구 중 한 명은 의심이 매우 강한 편이었다. 문자를 보내면 어떤 상황이든 5분 이내로 답을 해야 했고, 수업 조모임에 남학생이 있는 것도 싫어했으며, 내가 무엇을 하고 있는지 매 순간 일일이 알고 싶어 했다. 그렇지 않으면 엄청 화를 내거나 헤어지자는 말을 하곤 했다. 그렇게 항상 갈등이 있었고 문제는 쉽게 해결되지 않았다.

그렇게 만나고 헤어지기를 1년 가까이 반복했다. 주변에서는 남자친구의 문자 하나에도 빨리 답을 하지 못해 안절부절못하는 나를 보며 답답해했다. 친구 10명 중 9명은 헤어지는 것이 좋겠다고 말했다. 그런 이야기를 들을 때면 내가 친구들에게 남자친구의 부정적인 측면만 이야기해서 그를 나쁘게만 보는 것은 아닌지, 좋은 사람인데 나 때문에 나쁜 사람으로 보이는 것은 아닌지 괴로웠다.

아무튼 그 당시 연애로 인해 겉으로 보기에는 어땠을지 몰라도 '내 생활'은 엉망이었다. 수업 시간에도 문자가 오면 바로 답을 보내야 했기에 수업에 집중하기도 힘들었다. 과모임에 남학생이 한 명이라도 있으면 매번 그 부분에 대해 해명해야 했다.

매 순간 비상사태처럼 핸드폰을 손에서 내려놓을 수가 없었다. 답장이 빨리 안 오면 의심 섞인 문자들이 이어졌기에 항상 긴장했다. 상대를 최대한 화나지 않게 하는 것이 중요했고, 어느 포인트에서 폭발할지 몰라 눈치를 봐야 했다. 그럼에도 일주일에 두세 번은 싸운 것 같다. 싸웠다기보다는 거의 일방적인 해명과 사과였다.

그 관계에 지치기도 했지만 그럼에도 끝내기가 쉽지 않았다. 그의 안타까운 환경과 상황을 알았기에 더 그랬다. 그가 자라온 환경을 보면 연인이나 가족에게 집착하는 것도 이해가 되었다. 그래서 남들은 몰라도 나는 그를 이해해야 한다고 생각했고, 안타까워하며, 버려두면 안 된다는 묘한 책임감이 있었다.

그때마다 친구들은 나를 답답해했고, 나중에는 화를 내며 알아서 하라고 체념했다. 헤어질 때 나를 위로해줬던 친구 한 명은 그와 다시 만난다는 이야기를 듣고는 나와 연락을 끊었다. "그냥 계속 만나. 더 데여봐야 정신 차리지"라며 혀를 찬 친구들도 있었다. 지금 생각해도 가슴이 답답해지는 연애였다.

그러던 어느 날 동기 언니와 점심을 먹게 되었다. 그날도 남자친구와 싸운 후 이러지도 저러지도 못하는 상태였다. 언니는 내 고민을 알고 있었고, 다른 친구들과 달리 헤어지라거나 그가 나쁘다는 말을 하지 않았다. 그저 덤덤히 내 이야기를 들은 다음 자신의 이야기를 해주었다.

언니는 그 당시 취업 준비를 하면서 남자친구와 헤어졌었다고 했다. 너무 바쁘게 지내면서 연애가 버겁게 느껴졌고, 많은 갈등과 다툼 끝에 결국 헤어졌다는 것이다. 그런데 어느 날 남자친구에게 다시 연락이 왔고, 둘은 다시 만나게 되었다.

언니는 그 이야기를 하며, "내가 남자친구와 헤어졌다가 다시 만날 수 있었던 것은, 지금은 서로 힘들지만 이 남자와 함께하는 앞으로는 지금보다 더 나아질 거라는 확신이 들었기 때문이야"라고 말했다. 그러고는 이렇게 덧붙였다.

"무조건 그 사람이랑 헤어지라는 게 아니야. 다만 이 사람과의 만남이 계속되었을 때, 지금보다 상황이 더 나아질지 아닐지를 생각해봤으면 해. 지금보다 더 좋아질 거라는 생각이 들면 남들이 뭐라고 하든 계속 만나도 돼. 그게 아니라면 남자친구와의 관계를 다시 잘 생각해보는 것도 좋지 않을까?"

그 이야기를 듣자 망치로 머리를 세게 얻어맞은 것 같았다. 그러면서 한 가지 생각이 머릿속에 떠올랐다.

'이 사람과의 관계를 지속했을 때 앞으로 나의 미래는 행복할까? 우리의 관계는 더 좋아질까?'

나는 거기에 대한 답을 알고 있었다. 서로가 서로를 망가뜨리는 관계라는 사실을 정면으로 맞닥뜨린 순간이었다. 그날 나는 남자친구에게 이별을 통보했고, 힘들었지만 완전한 이별을 맞이했다.

"마냥 행복할 거라고 생각하지는 마"

대학생 때의 힘든 이별을 떠올릴 때면 그 당시 들었던 전공 수업 내용 중 하나가 떠오른다. 교수님께서 '예상'에 대한 설명을 하면서 들려준 사례였다.

어느 날 교수님께 한 제자가 청첩장을 내밀었는데, 제자의 표정이 밝지 않았다고 한다. 그래서 이유를 물어보니 남편 될 사람은 재혼이며 그에게는 아이가 둘이 있다는 것이었다. 주변 사람들은 제자에게 이왕 결혼하기로 했으니 부정적인 생각이나 걱정은 하지 말고 좋은 것만 생각하라고 했다고 한다.

그러나 그 당시 교수님은 그렇게 말할 수 없었다고 한다. 도리어 다음과 같이 이야기했다고 한다.

"네가 결혼하면 지금 고민하는 문제들이 발생하지 않을 것이라고, 마냥 행복할 것이라고 말할 수는 없을 것 같다."

교수님이 생각하시기에 그 제자가 걱정하는 문제들이 지금 좋게 생각한다고 해서 발생하지 않을 문제들이 아니었기 때문이다. 교수님은 제자에게 '그럼에도 불구하고 닥쳐올 미래의 어려움을 감당할 수 있느냐' 하는 것을 먼저 생각하라고 했다.

단순히 좋은 게 좋은 거라고 넘어갈 것이 아니라, 그 문제들을 미리 직면하고 감당할 수 있을지를 판단한 후 결혼을 결정해야 후회가 덜할 것이라고 강조했다. 그래야 문제가 닥쳤을 때도 잘 대처할 수 있을 것이라고도 했다. 다행히 그 제자는 자신에게 다가올 문제들을 감당하겠다는 마음을 먹고 결혼했고, 그 덕분인지 지금도 잘살고 있다고 한다.

나는 결혼을 할지 말지 고민하는 친구들에게 이 사례를 빌려 다음과 같이 말하곤 한다.

"지금은 그냥 좋게 넘어가려 하고, 아닌 척 덮으려는 일이 결혼 후에 전혀 일어나지 않으리라고 단정할 수는 없어. 그러니 결혼하면 어떻게 잘되겠지, 그래도 노력하면 어떻게든 행복해지겠지 하고 막연히 생각해서는 안 돼. 네가 걱정하는 일들이 일어나더라도 잘 감당할 수 있을지, 없을지를 고민해봐야 해."

누군가와의 관계로 고민하고 있는가? 그렇다면 당신도 그 당시의 나처럼 생각해보면 좋겠다. 앞으로 이 사람과의 관계가 지금보다 더 좋아질지 말이다. 그저 외면해왔을 뿐 이미 그 답을 알고 있지 않은가?

선택할 때 책임을 먼저 고려하라

일본에서 지낸 독립 생활

대학교 때 1년간 일본으로 교환학생을 갔다. 처음에는 학교에서 지정해준 기숙사에서 지냈다. 태어나서 기숙사 생활은 처음 하는 것이었다. 공동 화장실과 샤워실을 쓰는 것도 익숙하지 않았고, 무엇보다 학교에서 기숙사까지의 거리가 1시간 이상 걸린다는 것도 꽤 부담스러웠다.

저녁 9시면 시부야(澁谷)에서 기숙사가 있는 에다(江田)까지 가는 전철이 끊길까 봐 안절부절못했다. 친구들과 노는 중간에도 전철을 타려고 급히 달려가곤 했다. 게다가 늦은 저녁, 역에서 기숙사까지 혼자 걸어갈 때면 길 중간에 써 있는 '치한 조심'이라는 간판이 항상 나를 긴장시켰다.

그렇다고 해서 기숙사 생활이 무조건 나쁘기만 한 건 아니었다. 교환학생으로 온 친구들과 일본 학교의 튜터 친구들도 기숙사에 함께 살았기 때문에 여러 가지 도움을 받을 수 있었다. 식사도 제공되었고, 기숙사 내에 다양한 행사들도 있었으며, 기숙사를 관리해주시던 분들도 친절하고 좋았었다고 기억한다.

다만 공동 화장실과 학교에서 먼 거리가 조금 불만이었다. 지금 생각해보면 별거 아닌데, 그때는 개인 화장실이 없다는 것도 꽤 스트레스였다. 그리고 친구들과 좀 더 놀고 싶거나, 도쿄 여기저기를 돌아다니고 싶은데 혹은 그 당시 만나던 남자친구와 9시 넘어서까지 데이트를 하고 싶어도 전철 시간 때문에 역으로 발걸음을 빨리 돌려야 할 때면 기숙사가 너무 멀다는 사실이 불편하게 느껴지곤 했다.

그래서 2학기에는 기숙사에서 나와 학교에서 가까운 곳으로 독립을 했다. 단순히 기숙사 생활의 불편함을 넘어 처음으로 부모님의 품을 벗어나 혼자 살아보고 싶다는 호기심도 컸다. '지금이 아니면 내 인생에서 결혼 전에 혼자 집을 구해 살아볼 일은 없을 것 같다'는 생각이 강하게 들었다.

그런데 막상 일본에서 집을 알아보는 것은 쉽지 않았다. 일본 생활을 한 지 고작 몇 달밖에 안 되었고, 일본어가 유창한 것도 아니었다. 게다가 일본에는 집을 구할 때 야칭(家賃, 월세), 시키킹

(敷金, 보증금), 레이킹(礼金, 사례금) 등의 개념이 있었는데, 그중 시키킹이나 레이킹은 거의 돌려받지 못한다고 하니 겁도 났다.

한국에서도 집을 구해본 적이 없는데 외국에서 집을 구한다는 것은 쉬운 일이 아니었다. 다행히 여기저기 알아본 끝에 외국인에게 월세 개념으로 빌려주는 맨션이 있다는 것을 알게 됐고, 기숙사를 나와 도쿄에 있는 외국인 맨션에서 6개월을 살았다.

9시를 넘기기 위해 기숙사를 나왔다

혼자 살기 시작하면서 장을 보기도 하고, 못하던 요리도 해 먹고, 집에서 편하게 뒹굴거리다가 도쿄 시내로 가볍게 산책을 가기도 했다. 시간에 대한 압박감도, 화장실에 대한 불편함도 없었다. 모든 것이 자유롭게만 느껴졌다. 게다가 그 당시 남자친구의 가족들은 도쿄에 살고 있었기 때문에 자연스럽게 학교 친구들보다 남자친구 주변 사람들과 어울리는 시간이 더 많았다. 남자친구의 여동생이 나와 동갑이었기에 그녀의 친구들과 자주 놀곤 했다.

그 당시 남자친구의 집도 엄하긴 했지만, 기숙사에 살던 나처럼 9시만 되면 전철을 타야 하는 상황은 아니었다. 그래서 이른 헤어짐에 대한 아쉬움이 있었는데, 이사 후 그런 부분에서 좀 더 자유로워졌다. 하지만 몰랐다. 그와 관련하여 나에 대한 소문이 돌고 있었다는 것을…….

그 소문 역시 내가 직접 들은 것이 아니라 다른 친구를 통해서 알게 되었다. 나에게 소문을 말해준 친구에 의하면 그녀는 그 소문을 내가 만나본 적도 없는 사람에게서 들었다고 했다. 교환학생으로 온 여학생이 기숙사를 나간 이유가 남자친구 때문이라는 것이었다. 그 뒤에 어떤 소문들이 붙었는지는 자세히 모른다. 하지만 그런 소문이 돌고 있다는 사실만으로도 속상하고 마음이 심란했다.

이사를 해서 남자친구와 데이트할 시간이 늘어난 것은 맞지만, 마치 100퍼센트 남자친구 때문에 이사를 한 것처럼 흘러가는 소문이 기분 좋지 않았다. 아직 어렸던 나는 소문이 크게 신경 쓰였고, 상처받고, 속상했다. 지금 생각해보면 남들이 그렇게 생각할 수도 있다며 지나칠 텐데 말이다.

그렇게 시간이 흘러 12월이 되었고 한국에 있는 가족들이 나를 보러 일본에 왔다. 아마 크리스마스 때쯤이었을 것이다. 다행히 가족들은 따로 숙소를 구할 필요 없이 내가 있는 맨션에서 지냈다. 며칠간 가족들과 함께 지내며 나는 어머니에게 소문에 관한 이야기를 했다. 걱정하실까 봐 차마 전화로는 하지 못했던 속상한 마음을 토로했다. 그런데 내 이야기를 들은 어머니의 반응은 의외로 담담했다. 질책도 없었다. 도리어 내가 기숙사를 나가

따로 맨션에서 살겠다고 했을 때 그런 이야기가 돌 수도 있겠구나 하고 예상했다고 한다. 그러면서 어머니가 말씀하셨다.

“너는 기숙사를 나오는 대신 혼자 사는 자유를 누리고 있잖아. 모든 일에는 좋은 부분과 그렇지 않은 부분이 있단다. 다만 우리는 자신이 감당할 수 있는 괴로움을 선택하는 거야. 기숙사를 나와 자유롭게 사는 대신 그런 소문을 감당할 것인지, 그런 소문이 싫다면 독립이 주는 자유로움을 포기하고 기숙사에서 계속 살 건지 말이다.”

그 말을 듣는 순간 내가 몸만 컸지 아직은 한참 어리다는 것을 깨달았다. 내가 얻게 될 좋은 것만 생각하고 그것으로 인해 발생할 문제들에 대해서는 생각해보지 않았던 것이다. 하지만 어머니는 그 일의 양면성을 이미 알고 있었고, 큰 내색 없이 내 선택을 존중해주었다.

어머니의 말을 들으니 억울한 마음이 눈 녹듯이 사라졌다. 내가 얻은 편리함에만 시선을 빼앗겨, 그 반대의 면에 대해서는 생각하지도 않았고, 감당하려는 마음도 없었다는 것을 깨달았다. 그때 잠시나마 선택과 책임에 대해 다시 생각해봤던 것 같다.

원하는 무언가를 얻으면 대신 다른 무언가를 잃거나 그 선택이 나를 힘들게 하는 일이 발생하기도 한다. 그전에는 내가 ‘얻는 이점’만 생각했지 잃는 것이 있다는 생각을 해본 적이 없었다. 그러나 어머니의 조언을 계기로 나는 무언가를 선택할 때 두 가지면을 모두 고려해야 한다는 것을 배웠다.

그렇다고 해서 이후에 내가 항상 양면을 고려해서 선택을 한 것은 아니었다. 여전히 그런 부분을 고려하지 못해 마음고생을 할 때가 많았다. 다만 어머니의 조언은 내 마음속에 계속 남아 나이가 들수록 그 말의 의미가 더욱 크게 다가왔다.

하고 싶은 것을 했을 때 얻는 것과 잃는 것이 있다면 둘 중 어느 쪽이 내가 감당할 수 있는 일일까. 나는 그때 내가 감당할 수 있는 고통을 선택해야 한다는 것을 처음 배웠다.

하나를 얻는 대신 잃게 되는 것은 무엇일까

이 책의 원고를 쓸 당시 출판사 담당자에게 이와 같은 말을 들었다.

"책을 쓰면 욕먹는 건 각오하셔야 해요. 대신 책을 안 쓰면 욕먹을 일은 없을 거예요. 하지만 그렇게 되면 저자님이 하고 싶은 이야기는 세상에 나오지 않겠죠."

나는 그 말에 바로 수긍했다. 무명 작가의 책을 읽으며 누군가는 욕할 수도 있다. 이유 있는 비판일 수도 있고, 서로 생각이 달라서 그런 것일 수도 있다. 욕을 먹거나 오해 사는 것을 몹시 싫어하는 내 입장에서는 달갑지 않은 일이다. 그러나 다른 사람들한테 욕을 먹지 않는 것보다 책 한 권을 내보지 않은 것이 인생에서 더 후회될 것 같다는 생각이 들었다. 그래서 욕먹을 각오로 글을 썼다.

만약 당신이 선택을 두고 나와 비슷한 문제로 고민하고 있다면 스스로에게 물어보라. 하나를 얻는 대신 잃게 되는 것은 무엇이며, 반대로 원하는 것을 포기하면서 얻게 되는 것은 무엇인가. 그중 당신이 받아들일 수 있는 선택지를 고르기 바란다. 인생에는 항상 좋은 면과 나쁜 면이 있다. 마크 맨슨(Mark Manson)의 《신경 끄기의 기술》(갤리온, 2017)에서 말했듯이 자신이 감당할 수 있는 고통을 선택해야 덜 불행하다.

최악의 상황을 그려보자

들은 것보다 지낼 만했다

동생은 부모님 말에 마냥 순종하지도 않지만 그렇다고 크게 반항한 적도 없다. 잔소리나 싫은 소리를 들어도 조금은 무던하게 '좋은 게 좋은 거지'라는 식으로 넘기는 편이다. 그러던 어느 날 동생이 아버지께 전화를 해서 "제발 그만 좀 이야기하세요. 제가 알아서 할게요"라며 반항 아닌 반항을 했다.

그 당시 동생은 대학생이었고 군대에 가야 하는 상황이었다. 자세히 기억나지는 않지만 입대를 몇 달 앞두고 있었을 것이다. 아버지는 동생에게 군대에 관한 이야기를 자주 하시곤 했다. 군대라는 곳이 얼마나 힘든 곳인지, 당신은 군 생활 때 어떤 선임을 만나 심적으로나 신체적으로 고생을 하셨는지에 대해 아버지는 동생을 볼 때마다 말씀하셨다.

게다가 그 당시 동생은 군 입대를 앞두고 휴학한 상태라 매일 늦잠을 잤고, 일어나면 새벽까지 온라인 게임을 하곤 했다. 아버지는 그런 동생이 답답해 보였는지 군대에 가면 지금과는 전혀 다른 생활을 해야 한다고 우려하셨다. 그리고 지금의 약한 체력으로 얼마나 고생할지에 대해 계속 말씀하셨다. 나 역시 옆에서 그 이야기를 매일 듣다 보니 '재가 군대에 가서 잘 적응할 수 있을까?', '저렇게 게임을 좋아하는데 며칠 전 기사에 난 것처럼 PC방에 가려고 탈영하지는 않을까?', '선임들이 괴롭히면 어떡하지?' 등 동생에 대한 걱정이 커졌다. 내가 그럴 정도니 동생이 받는 스트레스는 더 컸을 것이다. 군대에 가야 하는 것 자체도 스트레스인데 매일 군대가 얼마나 힘든 곳인지에 대한 이야기를 들었으니 말이다. 아마도 군대에 대한 압박감 때문에 더 게임에 몰두했던 것 같기도 하다.

그러다 결국 동생은 폭발하고 말았다. 갑자기 출근한 아버지에게 전화를 걸어 자기가 알아서 할 테니 더 이상 군대 이야기는 그만하라고 단호히 말했다. 아버지도 그런 동생의 태도가 의외였는지 그 후로는 입대 전까지 군대에 관한 이야기를 거의 하지 않았다.

동생은 그렇게 입대를 했고 군 생활을 무리 없이 마치고 제대

했다. 보통 군대에 가면 살이 빠진다는데 동생은 입대 전보다 더 살이 쪄 있었다. 군대 체질이냐고 물으면 그건 아니라고 했다. 제대 직후 군 생활은 할 만했는지 물어보면 동생은 곧잘 이렇게 말했다. "아빠가 하도 군대가 힘들다고 말해서 걱정했는데, 막상 입대하고 나니 아빠한테 들은 것보다 지낼 만했어." 입대 전에 군 생활에 대해 잔뜩 겁을 주어서 도리어 '그 정도는 아니구나'라는 생각에 편하게 지낼 수 있었다는 것이다.

보통 군대에 간다고 하면 "2년 금방 가. 걱정하지 마"라거나 "요즘은 예전보다 많이 편해졌대"라는 말로 위로한다. 그런데 동생은 아버지의 이야기를 통해 위로가 아닌 예상을 할 수 있었다. 입대 전 아버지에게 군 생활이 얼마나 힘든지에 대한 이야기를 들으며 마음속으로 다양한 일들을 시뮬레이션해볼 수 있었던 것이다. 그리고 막상 입대를 하니 들은 것만큼, 또 생각한 것만큼 최악은 아니라는 사실에 안도하며 더 잘 적응할 수 있었다고 한다.

동생이 입대 전에 "예전만큼 군대가 힘들지 않대"라는 말만 들었다면 도리어 자신이 예상했던 것보다 군 생활을 더 힘들게 받아들였을지도 모른다. 동생의 말처럼 입대 전 군 생활의 어려움에 대한 심리적 접종 덕택에 그곳에서 더 잘 적응할 수 있었던 것이다. 아버지의 잔소리는 들을 때는 아팠지만 확실한 백신 역할을 한 것이었다.

결혼하면 어떻게든 될까

주변에 결혼을 고민하는 여자친구들이 많다. 언제 결혼할 수 있을까가 아니라 결혼하면 경력이 단절되는 것에 대한 두려움 때문이다. 예전보다는 인식이 많이 바뀌었다지만 여전히 여성의 결혼은 직장에서 보이지 않는 벽인 모양이다.

나 역시 학교에서 비슷한 이야기를 들을 때가 많았다. 주변에서 가끔 결혼을 했는지 물었고, 아직 결혼하지 않았다고 하면 상대방은 '다행이네'라는 반응을 보였다. 결혼하지 않았으니 공부에 좀 더 집중할 수 있지 않겠느냐는 것이었다. 내 전공 특성상 다른 전공에 비해 결혼에 대한 온도 차가 더 큰 듯했다. 게다가 결혼을 한 후 공부를 포기한 선례들이 있었기에 더 그런 건지도 모르겠다.

그래서 결혼 이야기가 나왔을 때 고민이 많았다. 그전까지는 연애는 해도 결혼을 반드시 해야 한다는 생각은 없었다. 도리어 혼자 사는 골드 미스에 대한 동경이 컸다. 그래서 결혼을 언제 할 거냐고 물어도 그다지 스트레스를 받지 않았다. 마치 남의 이야기처럼 여겼고, 결혼하는 데 들어가는 돈을 모아 나중에 좋은 실버타운에서 살겠다는 나름의 추상적인 계획도 있었다.

그런데 어쩌다 보니 지금의 남편을 만나게 되었다. 사실 소개팅을 하기 전 남편이 특히 마음에 들었던 이유는 그 당시 남편도 크게 결혼 생각이 없었다는 점 때문이었다. 남편도 결혼보다는 자기 일에 더 집중하고 싶어 했다. 나 역시 결혼 시기에 대한 생각이 달라 헤어지곤 했었기에 남편의 그런 부분이 마음에 들었다. 그런데 세상일은 알 수가 없다. 결혼 생각이 없는 두 사람이 만나서 결혼까지 했으니 말이다. 지금 생각해보면 아이러니가 아닐 수 없다.

처음 결혼 이야기가 나왔을 때 남편에 대한 확신은 있었지만, 결혼이 나의 일이나 공부에 어떤 영향을 미칠지에 대한 걱정이 컸다. 그때 나는 '결혼해도 어떻게든 되겠지' 하는 막연한 생각을 하지는 않았다. 그런 마음으로 결혼했는데 원하는 방향으로 흘러가지 않을 경우, 스스로에 대한 자책과 부모님을 비롯한 주변에 대한 원망이 생길 수 있다는 것을 알고 있었다.

그래서 결혼에 대해 고민했을 때 결혼이 나의 일이나 공부를 크게 방해하지 않을 거라는 막연한 낙관주의가 아니라 최악의 상황도 같이 고려해보려고 했다. 결혼해서 살다 보니 공부를 제대로 할 수 없게 되고, 혹여나 아이가 생겨서 마음과 달리 공부와 육아를 병행할 수 없는 경우까지 말이다. 분명 그런 일이 생기면 후회하고 괴로워할 것임을 알았다. 다만 내가 고민한 부분은 결혼 후 그런 후회가 생겨도 감당할 수 있을까 하는 것이었다.

결혼하고 공부를 포기해야 할 상황이 생겼을 때와 결혼하지 않아서 이 사람을 놓쳤을 때 중 어느 쪽이 더 크게 후회될지 고민했다. 정말 큰 고민이었다. 남편과 시부모님의 성향을 고려했을 때 내가 우려하는 최악의 상황이 닥칠 확률이 매우 적기는 했지만, 그래도 최악의 상황을 미리 염두에 두어야 책임을 질 수 있겠다는 생각이 들었다. 그 결과 나는 결국 결혼을 선택했고, 다행히 최악의 상황인 '학업 포기'는 일어나지 않았다.

결혼 후 남편은 내가 공부하는 것에 더 관심을 가져주었으며, 책이나 다큐멘터리를 보다가 관련된 정보를 발견하면 신이 나서 곧바로 이야기해주곤 했다. 게다가 내가 새로운 수업 내용을 준비할 때면 항상 그 첫 번째 수강생은 남편이었다. 미리 내 수업을 듣고 비전공자로서 이해하기 어려운 부분을 짚어주기도 하고, 예시가 필요한 부분이나 흥미로운 부분을 지적해 주기도 했다. 지금 이렇게 책을 쓸 수 있는 것도 남편의 지지가 큰 몫을 했다. 남편은 항상 나에게 책을 쓰라고 했고, 이번 코로나19를 계기로 정말 남편의 말처럼 책을 쓰고 있으니 말이다. 시부모님도 내가 공부하는 것을 좋아하셨다. 나에게는 결혼이 공부의 장애물이 아니라 또 다른 지지자들을 만든 계기가 된 것이다.

사실 나는 운이 좋은 것인지도 모른다. 주변을 둘러보면 그러지 못한 경우가 더 많기 때문이다. 매우 감사한 일이다. 내가 이 순간을 그저 당연한 것으로 받아들이지 않고 감사할 수 있는 것은 심리적 방어기제인 '예상'을 결혼 전에 미리 해봤기 때문이라고 생각한다.

나는 누군가 새로운 일을 하려고 할 때면 묻는다. 그 일이 실패하거나 원하는 대로 되지 않아도 그 결말을 감당할 수 있겠냐고 말이다. 그래도 괜찮다고, 받아들일 수 있다는 생각이 들면 그때는 망설임 없이 실행하라고 한다.

실패부터 염두에 두고 시작하자

30대 중후반이 되면서 주변에는 결혼뿐 아니라 자신의 진로와 아이 문제 등으로 고민하는 친구들도 늘어났다. 특히 30대 친구들의 고민 중 하나는 지금의 직장을 계속 다닐 것인가, 아니면 새로운 곳으로 이직할 것인가, 그것도 아니면 창업을 할 것인가이다.

창업을 준비하는 친구도 있고, 이직을 한 친구도 있으며, 기존의 회사에 계속 다니는 친구들도 있다. 어느 쪽이 더 낫고 어느 쪽이 더 아쉽다고 할 수는 없다. 다만 그러한 고민을 이야기할 때 내가 하는 말은 '최악의 상황을 그려보고 그것을 감당할 수 있으면 하라'는 것이었다. 특히 창업을 하는 친구들에게는 더욱 그랬다.

실패를 생각하고 싶지 않더라도

TV 프로그램 〈골목식당〉에 나오는 분들을 보면 자기 사업이나 자기 가게를 한다는 것이 참으로 쉽지 않다는 생각이 든다.

처음부터 실패를 염두에 두고 사업을 시작하는 사람들은 거의 없다. 어떠한 자신감과 확신이 있어서, 혹은 퇴직 후 노후를 대비하기 위해 자신이 가진 돈과 나머지 인생을 투자하는 것이기에 실패를 염두에 두기 힘들다. 성공에 대한 꿈은 꿀지언정 실패해서 모든 투자금을 잃을 거라는 생각은 배제하고 싶은 것이 사실이다. 아마 나라도 같은 마음일 것이다.

하지만 요식업에서 1년 내에 폐업하는 비율은 40퍼센트 이상이며, 5년 후에는 80퍼센트 이상이 폐업한다고 한다. 그들 중 누가 자신이 그 40퍼센트나 80퍼센트에 들 것이라고 예측할까? 아마도 대부분의 사람들은 자신이 성공하는 20퍼센트에 속할 것이라는 마음으로 시작할 것이다.

사업도 마찬가지다. 그래서 사업을 고민하는 친구들에게 하는 이야기 중 하나는 그로 인한 실패 역시 감당하고 받아들일 수 있는가 하는 것이다. 그러면 반응은 셋 중 하나다. 그래도 보이지 않는 낙관의 힘을 믿고 사업을 시작하는 친구, 실패를 감당할 자신이 없다고 판단하여 새로운 일을 찾거나 기존의 일을 계속하는 친구, 그리고 감당할 수 있는 범위 내에서 사업을 하겠다는 친구다.

이들은 지금 막 시작했고 누가 성공하고 누가 실패할지는 아직 알 수 없다. 다만 시간이 지나 이들의 성공과 실패뿐 아니라, 혹여나 실패했을 때 그 상황을 누가 더 잘 감당하고, 다시 재기할 희망을 가질지 의문과 걱정이 들기는 하다. 그래도 실패보다는 그들 모두 성공이라는 결과를 이루길 바란다. 혹여나 성공에 도달하지 못했다면, '예상'이라는 방어기제가 앞으로의 삶에 도움이 되기를 바란다.

인생에서 중요한 것만 남겨라

"학교를 당장 그만두겠습니다"

학생들에게 시험문제를 출제했다. '10년 후 죽는다면 무엇을 하고, 무엇을 하지 않을까?' 다양한 답변들이 나왔다. 그중 가장 많은 답변은 지금 다니는 학교를 그만두고 자신이 하고 싶은 일을 하면서 살겠다는 것이었다. 한 학기 약 60명의 학생들 중 절반이 그렇게 말했다.

학생들의 그런 반응이 놀라웠다. 그러면서도 한편으로는 그들이 학교를 그만두지 않는 것은 자신이 10년 후에 죽을 거라고 생각하지 않기 때문인가 하는 생각이 들었다.

지금 당장 죽는다면 무엇을 가장 후회할까

스물일곱 살 때 혼자 학교 근처 카페에 앉아 생각했다. 나는 무엇을 하고 싶은 걸까? 내가 진정으로 하고 싶은 게 뭐지? 그 당시 프로젝트와 졸업 논문이 쓰기 싫어서 도피성으로 던진 질문이었는지 모르겠다. 대학원 졸업 후의 진로를 정해둔 상태였지만, 막상 그 시간이 다가오자 두려웠다. 그래서 카페에 혼자 남아 냅킨에 끄적거리며 스스로에게 물었다. 나는 무엇이 되고 싶고, 어떻게 살고 싶은 걸까?

답은 당연히 바로 나오지 않았다. 아주 어려서부터 했던 고민이었고, 30대 후반인 지금도 스스로에게 던지는 질문이다. 스물일곱 살에도 당연히 정확한 답을 찾기 힘들었다. 그래서 전제를 깔았다. '만약 내가 죽는다면' 그 순간 무엇을 후회할지 말이다. 그것만으로는 부족했다. 데드라인이 필요했다.

내일 또는 1년 후에 죽자니 시간이 너무 짧았다. 1년 후 죽는다면 지금 하는 일들을 모두 접고 여행이나 다니다가 별이 잘 보이는 곳에서 죽어야지 하는 생각은 들었다. 나쁘지 않은 생각이었지만 왠지 1년 안에 내가 죽을 확률이 매우 적어 보였다. 하야마 아마리(葉山アマリ)의 《스물아홉 생일 1년 후 죽기로 결심했다》(위즈덤하우스, 2012)처럼 1년 후 스스로 결심하지 않는 이상 죽을 가능성은 적어 보였다. 그리고 예상처럼 1년 후인 스물여덟 살에도 나는 살아 있었다.

30년 또는 50년 후에는 어떨까? 그건 너무 긴 시간이었다. 10년이면 강산이 바뀐다는데 30~40년 후를 생각하고 인생을 계획하기는 더 어려웠다. 게다가 그 당시에는 10년 안에 유튜브로 돈을 번다든지, 웹툰 작가가 건물을 산다든지, 한국 가수가 빌보드 1위를 한다든지, 그리고 중세시대 흑사병마냥 코로나라는 질병으로 집콕 생활을 1년 넘게 할 거라고는 상상조차 해본 적이 없었다.

어릴 때 〈2020 우주의 원더키디〉라는 애니메이션이 있었는데, 그 당시에는 너무도 먼 미래였던 2020년이 지금은 현실이 되어 있지 않은가. 지금의 2020년은 만화 속 원더키디와는 너무도 다르다. 그러니 30년 후를 생각하라는 것은 마치 유치원생에게 '30년 후 네 인생은 어떨 것 같니?'라고 묻는 것과 같다. 30년 후를 예측하기란 너무 어려운 일이다. 그래서 타협안으로 정한 데드라인이 10년이었다.

죽음까지 남은 시간 10년

10년 후 내가 죽는다면, 죽기 직전 나는 어떤 것들을 후회할지 생각했다. 단순히 생각만 한 것이 아니라 그 순간의 모습을 상상하며 몰입했다. 죽음의 순간 나는 무엇을 후회할까? 죽음의 문턱에서 눈을 감기 직전 어떠한 생각을 할까? 그 짧은 순간 얼마나 많은 생각들이 떠오를 수 있는지에 대해서는 이미 알고 있었다. 어릴 적 물에 빠져 죽을 뻔한 적이 있는데, 굉장히 짧은 순간에 삶이 파노라마처럼 스쳐 지나갔기 때문이다.

10년 후 죽는다는 생각에 몰입하다 보니 눈물이 찔끔 났다. 왠지 10년 후 정말 죽을 수도 있겠다는 생각이 들었다. 내년에는 몰라도 10년 후라면 훨씬 가능성이 높지 않은가. 그래서 나는 죽는 순간 내가 무엇을 후회할지를 적어 내려갔다.

한동안 그때 적은 종이를 지갑에 넣고 다녔는데, 몇 년 후 지갑을 바꾸면서 잃어버렸다. 그래도 기억나는 것들이 몇 가지 있다. 사랑하는 사람들에게 좀 더 사랑한다고 표현하기, 더 많은 곳을 다니고 언어를 배우며 다양한 세상을 보기, 10년 후 죽는다면 죽기 전에 책 한 권 이상 쓰기 등……. 의외로 소소해 보이는 것들이다. 거창한 삶을 꿈꾸던 나에게 죽음이 던진 답들은 이런 것들이었다. 내가 죽음 앞에서 후회할 것이라고 여긴 것들은 대단한 무언가가 아니라 지금 당장이라도 내가 할 수 있는 것들이었다.

'10년 후 죽는다면'이라는 전제는 내 삶의 중요한 것과 그렇지 않은 것들을 분류하는 데 도움이 되었다. 내가 망설이고 고민하는 것들을 선택할지 포기할지를 알려주는 지표가 되기도 했다.

그리고 올해 딱 10년이 되었다. 버킷리스트는 아니었지만 그때 생각한 것들 중 상당수가 이루어졌고, 스물일곱 살의 그날을 계기로 내 삶의 많은 것들이 바뀌었다. 서른일곱 살이 되는 올해를 잘 넘긴다면 나는 다음 '10년 후 죽는다면'에 대해 생각할 것이다.

당신의 인생에서 중요한 것과 중요하지 않은 것이 무엇인지 알고 싶은가? 가장 고통 없고 빠른 방법은 자신을 죽음 앞에 세워보는 것이다. 그러면 인생에서 진정으로 중요한 것이 무엇인지, 내가 원하는 것이 무엇인지 보인다. 그것들은 생각보다 아주 소소한 것들일 수 있다. 혹은 소소한 것이 아닐지도 모른다. 다만 죽음을 고려하면 하고 싶은 일에 대한 실패와 성공에 대한 두려움을 조금은 덜 수 있다. 어차피 10년 후 죽을 건데 안 해보고 죽는 것보다는 실패해도 해보고 죽는 것이 낫지 않겠는가. 그러니 조금은 진지하게 생각해보라. '내가 10년 후 죽는다면 그 순간 무엇을 후회할까?'

카르페 디엠,
현재 이 순간에 충실하자

다시 오지 못할 것처럼 여행하라

예전에 혼자 여행을 다니다가 만난 언니가 있다. 우연히 만난 우리는 함께 여행지를 다녔다. 왠지 모르지만 나보다 인생 경험이 더 많은 언니의 이야기를 듣는 것이 흥미로웠다. 그 언니는 마치 내가 아직 가보지 못한 시간대를 살고 있는 어른 같았다.

그때 여행지에서 그 언니가 했던 말들 중에 시간이 지나고 나서야 이해한 것이 있다. 20대 초반의 나에게 언니는 "어딘가를 여행할 때 다시는 여기 못 올 수도 있다는 마음으로 여행해"라고 했다. 처음에는 그 말을 이해하지 못했다. 가고 싶으면 언제든 다시 갈 수 있다고 생각했다. 그런데 한해 한해 나이를 먹으면서 그 말이 무슨 뜻인지 알았다. 다양한 곳을 여행하며 곧 다시 오자는 생각과는 달리 그곳을 다시 가기란 힘들었다. 이유는 여러 가지이겠지만 그랬다.

일본도 그중 하나였다. 2007년 일본에서 유학을 마친 후 나는 곧 다시 일본으로 여행을 갈 수 있을 것이라고 생각했다. 아니, 곧 가겠다고 마음먹었다. 하지만 그 후 내가 일본에 다시 간 것은 대략 10년이 좀 안 되어서였다. 그래서였을 것이다. 나는 어딘가를 여행 가면 이곳에 다시는 오지 못할 수도 있다는 마음으로 다닌다. 친구나 지인들은 "다음에 또 오면 되지"라고 말하지만, 어쩌면 다시 오지 못할지도 모른다. 그래서 그 순간만큼은 그 여행지에 충실하려고 한다. 이 시간, 이 공간은 이때뿐이고, 아무리 좋았어도 이 시간은 다시 돌아오지 않기 때문이다.

어차피 지옥 갈 거 지금 삶에 충실하자

대학 친구 중에 미국에서 극작가 공부를 하는 친구가 있다. 나를 포함한 많은 친구들과는 달리 자신이 원하는 것이 있으면 해내고야 마는 친구였다. 나는 그런 친구의 모습이 항상 부러웠다. 막상 졸업하면 남들처럼 취업 준비를 하거나 자신의 전공과 관련된 대학원을 가는 것이 보통인데, 원하는 것을 향해 거침없이 날아가는 그 친구가 다른 세계 사람 같았다. 그 친구를 보면서 현실도 모르고 날뛰는 이상주의자라고 말하는 사람도 있었지만, 나는 그 친구가 신기하고 대단하게만 보였다.

사실 그 친구의 꿈은 극작가가 아니었다. 대학에서 처음 만났을 때 그는 자신의 꿈이 변호사라고 했다. 대학 졸업 후 로스쿨에 들어가 변호사가 되고 싶다는 것이다. 아직 국내에 로스쿨이라는 개념이 존재하기도 전이었다. 그런데 어느 날 그 친구가 법대 전공 수업을 몇 번 듣더니 자신이 생각한 것과는 다르다며 변호사가 되지 않겠다고 했다. 그 후 철학과 영문학을 복수전공과 부전공으로 선택했고, 졸업쯤 극작가가 되기로 했다고 밝혔다. 그 친구라면 그럴 수도 있는 선택이라고 생각했다. 다만 그쪽 분야로는 전혀 공부한 적이 없기에 그것이 가능할까 의문이 들었다. 어쩌면 말 그대로 맨땅에 헤딩일지 몰랐다.

그는 졸업 후 미국에 가서 극작가 공부를 할 거라고 했다. 반신반의했지만 결국 그 친구는 미국 대학에 합격했고 정말로 유학을 갔다. 그 후 우리의 연락은 SNS로만 가끔 확인할 정도로 매우 뜸했다.

그런 그와 다시 만난 것은 내가 뉴욕에 갔을 때였다. 아는 사람 하나 없는 그곳에서 무엇을 해야 할지 모르던 방랑자에게 그 친구가 먼저 연락을 했다. 아마도 SNS에 올린 사진을 보고 연락한 듯했다. 나는 그 친구의 갑작스러운 연락이 너무 고맙고 반가웠다. 연락 후 우리는 바로 만나 함께 식사를 했는데 오랜만에 만났는데도 크게 어색하지 않았다. 그렇게 식사를 하며 이런저런 이야기를 하다가 아주 오래전부터 궁금했던 것을 물었다. 어떻게 그렇게 자신이 하고 싶은 것을 하기 위해 두려움 없이 도전하고 나아갈 수 있었는지 말이다. 그때 친구는 말했다.

"나는 말이야, 하나님을 독실하게 믿거든. 그런데 내 삶을 돌이켜봤을 때 내가 천국에 갈 것 같지가 않아. 그래서 어차피 지옥에 갈 거라면 이번 생에 후회 없이 하고 싶은 걸 다 해야겠다는 생각이 들었어."

하나님을 독실하게 믿지만 자신은 하나님 뜻대로 착하게 살지 않았기 때문에 지옥에 갈 거라는 그의 말이 아이러니하기도 했지만, 이번 생은 후회 없이 살고 싶다는 말이 역시 그 친구답다는 생각이 들었다. 이 친구처럼 '어차피 나는 죽어서 지옥에 갈 거야'라고 생각하면 도리어 지금을 열심히 살 수 있는 걸까 하는 궁금증도 들었다. 솔직히 나는 그 친구가 천국에 갈지, 지옥에 갈지, 죽어서 영영 사라질지, 다시 태어날지 모르겠다. 다만 어떤 이유로든 지금의 시간을 후회 없이 살려는 그 친구의 모습은 꽤 멋지다고 생각한다.

많은 사람들은 언제 죽을지도 모르면서 오지도 않은 미래를 생각하며 걱정한다. 그러나 그 미래의 끝이란 누구에게나 죽음이다. 누구도 죽음을 피해가지는 못한다. 그렇기 때문에 어쩌면 자신이 할 수 있는 최선의 시간은 내일도 아니고, 1년 후도 아닌 지금 이 순간일지 모른다. 당신이 천국에 갈지, 지옥에 갈지, 다시 태어날지, 그냥 죽어서 끝일지 모르지만, 그래도 우리에게는 죽음이 항상 함께하기에 매 순간 열심히 살아야 하는 것일지도 모른다.

당신이 후회 없이 살면 좋겠다. 그리고 나도 마지막까지 후회 없이 살고 싶다. 카르페 디엠(Carpe diem)! 현재 이 순간에 충실하자.

5장

인생의 충격이 때론 시작점이 된다

새로운 회복력, 안티프래질

영화가 곧 현실이 되는 세상

2013년 장혁과 수애가 주연을 맡은 재난 영화 〈감기〉는 제목에서 짐작할 수 있듯이, 호흡기로 전염되는 바이러스로 인해 도시가 폐쇄되고, 사람들은 혼란에 빠져 살아남기 위해 처절한 사투를 벌이는 내용이다.

처음 영화가 나왔을 때 나의 반응은 요즘 말로 '엥?'이었다. 고작 '감기' 때문에 도시가 폐쇄되고 사람들이 살기 위해 서로를 죽이고, 온갖 이기적인 행동을 한다는 스토리는 현실감이 없게 느껴졌다. 그런 탓인지 기존의 재난 영화보다 흥행하지 못했고, 심지어 몇몇 평론가들은 영화의 개연성이 떨어진다고 평가했다.

그런데 코로나 바이러스가 유행하며 〈감기〉라는 영화가 재조명되었다. '영화 속 이야기가 현실이 된다'는 어느 광고의 카피처럼, 정말로 감기 바이러스로 인해 전 세계 수많은 사람들이 사망했고, 혼란에 빠졌으며, 1년 넘게 팬데믹 상황에서 벗어나지 못하고 있다. 많은 자영업자들이 가게 문을 닫아야 했고, 학교 수업은 온라인으로 대체되었으며, 데이트 장소로 굳건했던 영화관은 수를 줄여나갔다. 보이지 않는 코로나 바이러스로 인해 전 세계 사람들의 일상이 변해버린 것이다.

2020년에 이런 상황을 맞이할 줄 누가 알았을까? 이러한 변화는 예고 없는 폭탄처럼 날아와 온 세계를 정지시켰고, 자의와 상관없는 변화를 불러일으켰다. 그리고 코로나 사태를 맞이하고 나서야 알았다. 지금 세상에서 살아남기 위해 필요한 것은 '안티프래질'한 것임을 말이다.

충격을 성장의 발판으로

'안티프래질(antifragile)'은 '부서지기 쉽다'는 뜻의 '프래질(fragile)'의 반대말로 충격을 받을수록 더 좋아지는 것을 뜻한다. 《블랙스완》(블랙스완이란 노키아와 소니의 몰락, 구글의 성공, 9·11테러처럼 마치 백조는 하얀색인 것이 당연한 상황에서 검은색의 백조가 등장하며 예측하지 못한 큰 충격을 동반하는 현상을 의미한다)의 저자 나심 탈레브(Nassim Taleb)가 만든 용어로, 안티프래질은 기존의 회복력과는 다른 의미라고 할 수 있다.

회복력이 충격을 받고 원래 상태로 돌아오는 것이라면, 안티프래질은 충격을 통해 이전보다 더 성장하고 발전하는 것이다. 그래서 안티프래질한 대상은 무질서, 무작위성, 리스크, 불확실성과 같은 것들을 좋아한다. 안티프래질은 블랙스완과 같은 예측하지 못한 큰 충격에서 도움을 줄 수 있는 해독제라고 할 수 있다. 따라서 코로나라는 블랙스완의 등장으로 인해 급격한 변화가 일어난 지금 이 시점이 바로 안티프래질한 성향이 필요한 시기라고 할 수 있다.

누군가의 안티프래질은 곧 다른 이들의 프래질의 대가다

우리는 모든 위험을 예측할 수 없다. 특히 코로나처럼 매우 드물게 발생하는 사건들에 대해서는 더욱 그렇다. 체계적으로 세운 계획들도 갑작스러운 블랙스완의 출현으로 한순간에 무너지는 법이다.

그런데 안티프래질한 대상은 이러한 충격을 통해 혜택을 얻는다. 그리고 안타깝게도 누군가의 안티프래질은 다른 사람들의 프래질로 인한 대가이기도 하다. 예측 가능한 시스템 내에서 이탈하지 않으려는 프래질리스트들은 예상 밖의 갑작스러운 충격에 실패하거나 무너진다. 그리고 이를 바탕으로 안티프래질한 사람들은 더 큰 위기를 방지한다.

《블랙스완》(동녘사이언스, 2018)에서 언급한 사례에 따르면, 타이타닉호로 인한 대형 사고가 일어나지 않았다면 사람들은 더 큰 선박을 만들어 타이타닉호보다 더 큰 비극을 불러왔을 것이다. 또 후쿠시마 원전 사고의 피해는 컸지만 그로 인해 원자로로 인한 재앙을 대비할 수 있게 되었다.

최근 콘텐츠 업계에서도 안티프래질한 형태를 발견할 수 있다. 코로나 사태로 관객 수가 줄어들면서 한국 최대 영화관인 CGV의 여러 지점들이 문을 닫았다. 반대로 동영상 스트리밍 서비스인 넷플릭스 가입자 수는 두 배로 증가했다. 또 외식 문화도 바뀌어 '배달의민족'이나 '요기요' 같은 배달 대행 앱이 사람들의 일상에서 아주 익숙해졌으며, 쿠팡도 이 시장에 참여해 성장세가 만만치 않다.

사람들의 일상이 바뀌며 많은 가게가 문을 닫은 반면, 새로운 사업들이 떠오르기 시작한 것이다. 이를 두고 누군가는 '코로나의 역설'이라 부르기도 하는데, 이것이 바로 안티프래질이다. 충격과 위기는 누군가에게는 크나큰 시련과 고통이지만 누군가에게는 기회가 되는 것이다.

앞서 말했듯이 갑작스러운 충격은 많은 사람들을 고통과 위기에 빠뜨린다. 그러나 그것이 모든 대상에게 적용되는 것은 아니다. 이러한 충격으로 모두가 무너질지라도 당신에게는 그것이 새롭게 나아갈 기회가 될 수 있다. 그러니 이제는 명심하자. 프래질한 상태에서 벗어나 안티프래질해지자!

목표 따위는 정하지 말자

당신의 인생에도 언제든 블랙스완이 등장할 수 있다

나의 남편은 유학 생활을 마치고 로스쿨을 준비하던 중 갑자기 암 선고를 받았다. 그의 나이 20대 중반이었다. 어느 날 운동을 심하게 하고 나서 근육통이 왔는데, 새벽에 잠을 이룰 수 없을 정도로 통증이 심했다고 한다. 진통제를 받으러 응급실로 갔다가 단순한 근육통이 아닐지 모른다는 이야기를 들었고, 검사 결과 암 판정을 받았다. 그의 인생에서 암이라는 사건은 청천벽력이었고, 말 그대로 한 번도 상상해본 적 없는 블랙스완의 등장이었다.

그는 그전까지 짜놓은 나름의 인생 계획이 있었다. 대학을 졸업하고 로스쿨에 들어간 후 변호사가 되는 것이었다. 그런데 갑작스러운 암 판정은 그의 계획뿐 아니라 인생 자체를 뒤흔들었다. 앞으로 어떻게 살아갈지가 아니라, 앞으로 미래라는 것이 있을까라는 깊은 좌절감을 안겨주었다.

처음 암 판정을 받았을 때 '왜 하필 나에게 이런 일이 일어났을까' 하는 분노와 원망, 억울함 등의 감정이 복받쳤다고 한다. 대부분의 사람들이 그런 감정을 느낄 것이다. 왜 나에게 이런 일이 생긴 걸까, 내가 무슨 죄를 지었길래 이런 고통을 겪어야 할까, 어떻게 나에게 이런 일이……. 그도 처음에는 그런 생각들로 분하고 억울했다고 한다. 특히 인생에서 가장 찬란할 것만 같았던 20대에 갑자기 암 판정을 받았으니 더욱 그랬다. 암 치료로 인해 그가 짜놓은 삶은 계획대로 흘러가지 않았고, 한순간에 안정적인 삶이 무너진 것이다.

이처럼 누구나 크고 작은 블랙스완을 만난다. 남편의 사례가 보여주듯이 당신의 잘 짜인 계획 따위는 그 앞에서 전혀 고려되지 않는다. 그저 갑자기 등장해 안정적이라고 믿었던 삶을 크게 뒤흔들 뿐이다.

블랙스완은 누구에게나 언제든 등장할 수 있다. 이때 우리에게 필요한 태도는 한 가지다. 어떻게 잘 대처하고 헤쳐나갈지를 궁리하는 것 말이다.

예측할 수 있는 것은 리스크가 아니다, 예측은 '예측 불가'하다

진짜 리스크는 예측할 수 없다. 남편처럼 어느 날 갑자기 암 선고를 받을 수도 있다. 나도 마찬가지다. 그러나 이 글을 쓰는 지금도 내가 내일 갑자기 암 선고를 받을 거라고는 생각하지 않는다. 왜냐하면 일어날 확률이 너무 희박해 보이기 때문이다. 이것이 블랙스완의 가장 큰 특징 중 하나다. 너무도 희박한 확률…….

2020년 코로나 바이러스가 등장했고, 2020년에 실업률이 크게 감소할 것이라는 미국의 전망은 보기 좋게 빗나갔다. 그리고 많은 사람들이 갑작스러운 변화로 인해 좌절감과 패닉에 빠졌다. 내 삶 역시 코로나로 변화를 맞이했고, 많은 생각을 하게 만들었다. 무엇보다도 내가 느낀 것은 지금까지 안정적이라고 생각한 삶들이 얼마나 '프래질'한 것이었는가였다.

몇 년 후 세상은 지금보다 더 빠르게 변하고, 예측 불가능한 변수들은 더 늘어날 것이다. 거기에서 안정적인 삶을 추구하는 것은 끊임없이 스스로를 프래질한 상태로 몰아넣는 일이 될 것이다. 이런 시대의 변화 속에서 우리가 할 일은 예측 불허의 변수들 속에서 어떻게 안정성을 유지할까 하는 것이 아니다. 도리어 어떻게 안티프래질할 것인가이다.

젊어서 고생은 사서도 한다지만 평생 안 할 수 있다면 안 해도 좋다. 그러나 그럴 수 없다면 위기들로 내가 얼마나 괴롭게 무너질지가 아니라 그것이 나를 어떻게 성장시킬지, 어떻게 기회로 삼을지를 고민해봐야 한다. 당신이 짜놓은 장기적인 목표는 언제든지 무너지거나 바뀔 수 있다. 당신의 목표를 방해하는 원인은 다양할 것이다. 그러나 우리는 그 모든 변수를 고려할 수 없다.

장기적인 목표가 쓸모없다는 것은 아니다. 다만 거기에 너무 얽매여 자신을 괴롭히지 말라는 것이다. 돌아서 가더라도 목적지에만 가면 되고, 비록 처음 원하던 목적지가 아니더라도 어디에든 도달하면 괜찮다. 이때 명심할 것은 두 가지다. 목표에 얽매여 그것이 무너졌을 때 같이 좌절하지 않는 것, 그리고 어떻게 대처하고 헤쳐 나갈지를 궁리하는 것 말이다.

'목표 없음'이 목표가 되도록

tvN의 예능 프로그램 〈유 퀴즈 온 더 블럭〉에 수능 만점자 두 명이 출연한 적이 있다. 그중 한 명이 MC인 유재석에게 앞으로의 목표와 그 목표를 이루기 위한 원동력이 무엇인지 물었다. 나는 대한민국 최고 MC 자리에 오른 유재석의 목표가 궁금했다. 그리고 그 원동력은 가족이나 주변 사람들이라고 말하지 않을까 생각했다.

그런데 돌아온 대답은 전혀 의외였다. 유재석은 목표가 없다고 말했다. 순간 정적과 웃음이 흘렀지만, 그는 다음 말을 이어갔다. 자신은 목표를 정하면 어디까지 가야 한다는 것에 스트레스를 많이 받는다고 한다. 그런데 자신은 그런 스트레스를 무척 싫어하기 때문에 개인적인 목표나 계획을 세우지 않는다는 것이다. 그러면서 유재석은 수능 만점자들에게 말했다. 지금까지 두 사람 모두 목표를 향해 잘 살아왔으니 지금은 잠시 목표를 갖지 않는 것도 답일 수 있다고 말이다.

많은 자기계발서들은 목표가 있어야 한다고 말한다. 목표가 있어야 앞으로 나아가고 발전할 수 있다고 말이다. 그러나 코로나 사태가 보여주듯이 삶이란 정해진 목표나 계획대로 흘러가지 않는다. 코로나 사태가 매우 극단적인 것이라면, 자신의 삶을 한 번 들여다보라. 항상 자신이 세운 목표대로 살아간 사람들이 과연 몇이나 될까? 크고 작은 변수들을 만나 인생의 길은 언제든지 달라질 수 있다. 그것이 비록 자신의 목적지를 벗어난 삶일지라도 말이다.

안정보다 활용을

2020년 코로나19 사태는 내 인생 계획에 고려되었던 요소가 아니다. 마치 중세시대 흑사병처럼 이런 바이러스가 유행할 것이라고 생각해본 적도 없다. 그리고 이 바이러스로 인해 내가 세운 장기적인 계획들이 바뀔 것이라고도 상상 못 했다. 나뿐만이 아니다. 많은 이들의 계획과 목표에 급제동이 걸렸다.

이 일로 나는 인생이란 항상 계획대로 흘러가지는 않는다는 것을 새삼 다시 깨달았다. 심지어 안정적 삶을 위한 계획들이 나를 무너뜨릴 가장 프래질한 것일 수 있다는 사실을 알았다. 그래서 생각을 바꿨다. 안정적인 삶을 추구할 것이 아니라 이 순간들이 나에게 어떻게 기회가 될지, 혹은 이 시간을 어떻게 새롭게 활용할 수 있을지를 고민해보기로 한 것이다. 그래서 선택한 것 중 하나가 책 쓰기였다.

나는 서른일곱 살이 되기 전에 책을 쓰고 싶었다. 그러나 흘러가는 삶에 스스로를 맞추느라 책 쓰기는 '언젠가'의 꿈으로 미뤄지고 있었다. 그런데 코로나 사태로 내가 하고 있던 많은 일들이 중단되면서 한 템포 쉴 기회가 생겼다. 내가 무엇을 하고 싶고, 무엇을 할지 다시 한 번 생각해볼 수 있게 된 것이다. 나는 먼 미래가 아닌 지금 이 순간을 위해 할 수 있는 것을 찾아야 한다고 생각했다. 그래서 이전에는 시도하지 못한 것들을 시도해볼 수 있었다.

프래질한 삶에서 안티프래질한 삶을 살아간다는 것은 이처럼 불확실한 상황에서 무너지는 것이 아니라, 그것을 자신의 기회와 성장의 힘으로 바라보려고 하는 것이다. 다행히 지금까지 내가 공부한 것들이 그런 것들이었고, 이것이 프래질한 삶에서 안티프래질한 삶을 살기로 결심하는 데 용기를 주었다. 당신도 이 순간 좌절과 실망을 하고 있다면, 영화 〈국가부도의 날〉의 유아인처럼 지금의 위기를 어떻게 성장으로 바꾸어갈 수 있을지 고민해보라. 지금 이 위기가 당신 삶의 가장 큰 성장의 기회인지 모른다.

모든 변화는 위기이자 기회다

영원한 건 절대 없다

조선 후기 김만중의 소설 《구운몽(九雲夢)》은 인생의 부귀영화가 한낱 꿈에 지나지 않음을 깨닫는 이야기다. 소설 속 주인공인 승려 성진은 스승인 육관대사의 심부름으로 용왕의 생일잔치에 갔다가 돌아오는 길에 우연히 다리에서 팔선녀를 만나게 되고, 그들과 잠시 노닥거리다가 집으로 돌아온다. 그날 밤 성진은 낮에 있었던 일들이 생각나 쉽게 잠을 이루지 못한다. 이를 안 육관대사는 성진을 염라대왕에게 보내 죄를 묻게 하고, 그 벌로 그는 지옥에 떨어진다. 그리고 모든 벌을 받은 후 성진은 양처사의 아들 양소유라는 인간으로 태어난다.

양소유라는 한 인간으로서의 삶은 나쁘지 않았다. 도리어 남들이 부러워할 팔자였다. 양소유는 출중한 외모와 좋은 머리, 게다가 금수저까지 물고 태어났으며, 15세에 장원급제를 하고 나라에 많은 공을 세워 나중에는 최상위 관직인 승상에까지 올랐다. 또 여자들에게 인기도 많아서 만나는 여자마다 양소유에게 반했고, 결국 인간 여인으로 태어난 팔선녀를 모두 부인으로 삼았다. 더구나 여덟 부인들은 서로 투기도 하지 않고 사이가 좋았으며, 자식들도 모두 성공했다.

그런 이상적인 삶을 살아가던 양소유는 나이 여든이 되어 어느 날 여덟 명의 부인과 함께 산에 오른다. 그리고 모든 것을 이룬 삶이었음에도 불구하고 마음의 허무함과 공허함을 느낀다. 이때 한 노승이 나타나 지팡이로 바닥을 두드리니, 꿈에서 깨어나 자신이 양소유가 아닌 성진이었음을 깨닫는다.

양소유의 화려한 삶이 하룻밤 꿈이었음을 알게 된 성진은 속세의 부유함이나 즐거움도 물거품처럼 쉬이 사라지는 것임을 깨닫고, 이를 알게 해준 육관대사에게 감사한다. 그리고 불도에 정진하여 도를 깨우친다. 더불어 팔선녀들 역시 이를 계기로 출가하여 도를 닦고 깨우침을 얻는다.

김만중의 《구운몽》과 관련하여 수능에서 자주 출제되는 문제 중 하나는 이 소설의 주제다. 나 역시 수업 때 학생들에게 《구운몽》의 줄거리를 이야기한 후 주제가 무엇인지 묻는다. 그럼 학생들은 주저 없이 '인생무상'이라고 답했고, 그럼 나는 다시 물었다. '인생무상'이란 무슨 뜻이냐고. 대부분의 학생들이 '인생무상'이란 '인생의 덧없음', '인생의 허무함'이라고 말했다. 그다음 내가 던지는 질문은 '인생무상(人生無常)'의 '무상(無常)'은 무슨 뜻인가였다. 아마 이 글을 읽는 대부분의 사람들은 '무상'이란 '덧없음', '허무함'이라고 생각할 것이다. 도리어 뻔해 보이는 질문을 왜 하는지 의문을 가질 수도 있다.

사실 '무상'은 불교와 관련된 용어다. 불교에는 세 가지 근본 진리로서 삼법인(三法印)이라는 것이 있다. 그대로 풀이하면 '세 가지 진리의 도장'을 뜻한다. 여기서 세 가지란 무상, 고통(苦), 무아(無我)를 말한다. 《아함경(阿含經)》이라는 초기 불교 경전에 따르면 '세상 모든 것은 무상하고(無常), 무상하기 때문에 괴롭고(苦), 그러므로 거기에 '나'라고 할 만한 것은 없다(無我)"고 한다. 여기서 말하는 '무상'이 '인생무상'에서 말하는 무상이다. 그렇다면 '무상'은 정확히 무슨 뜻일까?

'무상'이란 '없을 무(無)'와 '항상 상(常)'으로 '항상함이 없다' 혹은 '항상하지 않다'는 뜻이다. 바꿔 말하면 '변하지 않는 것은 없다', 즉 '모든 것은 변한다'는 의미다.

'영원한 건 절대 없어. 결국엔 넌 변했지'라는 지드래곤의 노래 가사처럼 우리 모두는 계속 변화한다. 몸도 변하고, 마음도 변한다. 때로는 변화를 멈추기 위해 노력하지만 그럼에도 변화는 멈추지 않는다. 그렇다면 결국 우리는 선택해야 한다. 막을 수 없는 변화를 어떻게 바라보고, 어떻게 대처할 것인지를 말이다.

영원하지 않으면 괴로울까

불교 경전에서는 모든 만물이 생겨나서 머물고, 언젠가 낡아 사라진다고 한다. 그래서 모든 것은 괴로울 수밖에 없다는 것이다. 혹자는 그래도 인생에 기쁘고 즐거운 일도 있으니 괴로운 것만은 아니지 않느냐고 할지도 모른다. 그러나 그 즐거움도 시간이 지나면 사라지기에, 즉 불변하지 않기에 결국 삶은 고통이라는 것이 초기 불교에서 이야기하는 바다.

아주 어릴 적 나는 다시 태어난다면 별로 태어나고 싶었다. 왜냐하면 별은 영원히 죽지 않고 그 자리에 있는 줄 알았기 때문이다. 그런데 별도 언젠가는 사라진다고 한다. 유치원도 들어가지 않은 어린 꼬마가 언젠가 사라진다는 것, 그리고 변한다는 것을 두려워하며, 영원한 무언가가 되기를 바랐던 것이다. 어쩌면 '불변성'에 대한 욕망은 본능일지도 모른다. 그래서 변화는 누구에게나 두렵고, 때로는 버거우며, 때로는 아프다. 예를 들어 연애를 하다가 상대가 변하는 모습을 볼 때 우리는 가슴 아파하고 처음으로 되돌리기 위해 노력한다. 혹은 늙어버린 자신의 모습을 보며 옛날을 그리워하고 슬퍼하며 노화를 싫어한다. 그래서 불교에서는 '무상하기 때문에', 즉 모든 것은 '영원하지 않기 때문에' 괴롭다고 한다. 동의하는가? 《아함경》에서 이야기하듯이, 변화는 아프고 괴로운 것일까? 《구운몽》에서 이야기하듯이 남부러울 것 없는 삶도 일장춘몽(一場春夢)처럼 덧없고 허무하기만 한 것일까? 인간은 변화와 그로 인한 아픔과 고통을 벗어나지 못하는 존재인 걸까?

'무상'은 혁신의 다른 이름이다

수업에서 한 경영대 학생이 발표를 했다. 어느 학자의 책을 인용한 것인데, 책 제목이 기억나지 않아 학생의 발표 내용을 더듬어 옮겨본다.

인상적이었던 점은 불교에서 이야기하는 '무상'을 현대의 경영학적 관점에서 어떻게 바라볼 수 있느냐는 것이었다. 불교에서는 '무상'해서 괴롭다고 한다. 언젠가 모든 것은 사라지고, 좋은 것도 영원하지 않고 끝이 있기 때문이다.

그러나 이 친구는 경영학적으로 '무상'의 다른 이름은 바로 '혁신'이라고 말했다. 시대의 변화 속에서 기업은 안주하기보다는 끊임없이 혁신하려고 노력한다. 이때 기업에서 변화나 혁신이라는 단어는 앞의 글들처럼 부정적인 어감으로 쓰이지 않는다. 변화는 기업이 살아남기 위한 기회로 여겨지며, 도리어 변화하지 않으려는 것은 기업의 위기를 자초하는 일이 된다.

산업혁명이 일어날 때마다 사람들은 기존의 직업들이 사라질 것을 걱정했다. 산업혁명이 진행되면서 실제로 여러 직업들이 사라졌다. 그러나 그것이 인간의 자리를 빼앗지만은 않았다. 도리어 기존의 직업이 사라진 만큼 다양한 일자리가 생겨났다. 새로운 가능성을 제시하여 그전 시대에는 희망이 보이지 않던 사람들에게 새로운 기회를 제공한 것이다.

지금 4차 산업혁명이 이루어지는 가운데 코로나는 그러한 변화를 앞당기는 역할을 하고 있다. 이 과도기 속에서 역시나 많은 사람들은 변화를 '위기'로 인식한다. 그럼에도 불구하고 누군가는 그 '변화'를 '혁신'이라 부르며 기회로 바라보려고 한다.

우리는 변화를 막을 수 없다. 그렇다면 이제는 그 변화를 인정하고 수용하며 그것이 당신에게 위기일지, 기회일지를 고민해봐야 한다.

바이러스의 폭격, 누가 위기를 맞고 누가 성공을 맞이할까

2020년 가장 큰 사건은 누가 뭐래도 코로나 바이러스 팬데믹이었다. 갑작스러운 감염병의 대유행으로 많은 사람들이 패닉에 빠졌다. 갑자기 터졌고, 장기화되었으며, 경제적 타격은 이루 말할 수 없다.

코로나 사태 이전 미국은 2020년 실업률이 3퍼센트 이하로 내려갈 것이라고 예측했다. 그러나 코로나 사태가 터지고 예측 실업률은 약 20퍼센트 정도로 증가했다. 1퍼센트의 실업률 감소에도 건배를 하는 마당에 20퍼센트 증가는 엄청난 충격이 아닐 수 없다. 하지만 이것은 비단 미국의 문제만은 아니다. 글로벌 시대를 외치는 현대사회에서 한국을 포함한 다른 나라들 역시 크나큰 타격을 받았다.

이러한 팬데믹 현상으로 기존의 컨택트 시대가 막을 내리고, 언택트 시대가 빠르게 진행된다는 것을 체감한다. 언택트 사회는 이제 더 이상 막을 수 없는 흐름이 된 것이다. 그것도 4차 산업혁명 속에서 이루어지던 변화가 코로나 사태를 계기로 걷잡을 수 없이 빠르게 진행되고 있다.

시대적 변화는 언제나 그래 왔듯이 누군가에게는 크나큰 위기이고, 누군가에게는 더 큰 기회이다. 이번 역시 누군가는 무너질 것이고, 누군가는 전혀 다른 성공을 맛볼 것이다. 한 예로 요식업을 보면 오프라인을 중심으로 하던 가게들이 문을 닫은 반면, 배달업이나 택배업 수요는 코로나 이전보다 훨씬 늘어났다.

그렇다면 이러한 변화 속에서 살아남는 자는 누구이고 도태

되는 자는 누구인가? 당신은 어느 쪽에 서 있다고 생각하는가? 여러 학자들은 포스트 코로나 시대를 맞이하여 다양한 패러다임의 전환이 요구될 것으로 전망하고 있다. 또한 코로나가 종식되어도 코로나 이전으로 돌아가기 힘들 것이라고 한다.

따라서 우리는 고민하고 선택해야 한다. 급격한 패러다임의 전환 속에서 변화의 흐름을 탈 것인지, 아니면 그 파도 속으로 침몰할 것인지 말이다. 이런 변화의 흐름을 제대로 타는 사람은 혁신의 파도를 타고 미래의 가치를 향해 길게 뻗어나갈 수 있을 것이라고 믿는다.

달라진 세상을 받아들이자

공부만이 살길이던 시대는 지났다

젊은 친구들과 이야기를 하면서 느끼는 것이지만 확실히 세상은 이전과 달라졌다. 요즘 친구들에게 장래 희망을 물어보면 1순위가 유튜브 크리에이터라고 한다. 사실 몇 년 전만 해도 장래 희망 1순위는 연예인이었다. 내가 어릴 때는 선생님, 법조인 등이 1순위였다. 내가 초등학교 때 꿈이 연예인인 친구를 거의 본 적이 없다. 그래서인지 연예인이 된 친구가 없다.

지금은 시대가 변했다. 1인 온라인 방송이 단순한 취미가 아닌 하나의 직업으로서 많은 사람들의 장래 희망이 되었다. 반드시 공부만이 개천에서 용이 되는 방법은 아니라는 것을 보여준다. 특히 코로나의 등장으로 언택트 시대에 돌입하면서 이러한 직업이 더욱 각광받고 있다. 코로나로 인해 공연이나 방송 출연에 제약이 있는 연예인들도 유튜브 채널을 통해 팬들과 소통하고 채널 구독자 수를 늘리기 위해 홍보한다. 심지어 TV 프로그램에는 유명한 유튜버들이 게스트로 나온다.

단순히 유튜버 크리에이터만이 아니다. 예전에는 만화가나 소설가라고 하면 배고픈 직업이라는 인식이 강했다. 그런데 요즘은 인터넷 플랫폼 시장이 커지면서 유명 웹툰이나 웹소설이 영화나 드라마로 만들어져 인기를 끈다. 그렇다고 모든 작품들이 뛰어난 그림 실력이나 글발을 요구하는 것도 아니다.

〈신과 함께〉로 큰 인기를 누린 주호민 작가의 그림 실력에 대해 다른 웹툰 작가들은 농담처럼 그가 현존하는 웹툰 작가들 중 실력이 하위에 속한다고 말한다. 이를 통해 짐작할 수 있듯이 이제는 단순히 그림을 잘 그리는 사람이 아니라, 좋은 콘텐츠로 승부하는 시대임을 알 수 있다.

이런 시대적 변화를 보면 반드시 공부만이 살길은 아니라는 생각이 든다. 공부를 좋아하고 공부를 잘하는 사람은 공부를 하면 된다. 그렇지만 다른 분야에 더 재능 있는 친구들에게는 다른 길을 제시해도 되는 세상이다.

온라인 수업, 생각보다 괜찮다

나 역시 코로나 이전에는 시대적 변화를 알기는 했지만 그다지 관심이 없었다. 누군가 유튜브 방송을 시작하겠다는 이야기를 해도 마치 딴 세상 일처럼 들렸다. 나는 특별히 구독하는 유튜브 채널도 없었고, 온라인 방송을 왜 하고 싶어 하는지도 이해되지 않았다.

그런데 코로나가 전 세계적으로 유행하기 시작하면서 나에게도 원하지 않던 변화가 다가왔다. 한 번도 온라인 수업을 생각해 본 적이 없는데, 대학 강의를 비대면 온라인으로 한다는 것이었다. 처음 그 이야기를 들었을 때는 '이게 무슨 일인가' 하는 생각이 먼저 들었다. 특히 첫 온라인 수업 때는 낯선 시스템에 허둥거리느라 멘탈이 나가는 느낌이었다.

그런데 인간은 적응의 동물이지 않은가. 온라인 수업을 하다 보니 장단점이 보였다. 오프라인 수업이 주는 이점이 분명 크지만, 온라인도 나름의 장점을 가지고 있었다. 온라인 수업을 해야 한다는 이야기를 처음 들었을 때 사실 내가 처음 떠올린 것은 EBS 채널이나 온라인 학원들이 제공하는 강의들이었다. 강사가 뒤에 칠판 하나를 두고 혼자 설명하며, 피드백 없이 혼자 농담하는 모습 말이다. 그러나 막상 대학에 적용된 온라인 수업은 물리적 거리는 있을지언정 일방적 소통법은 아니었다. 유튜브 채널처럼 나는 강의를 하고, 학생들은 실시간 댓글을 달 수 있었다. 그러한 방식이 20대 친구들에게는 낯설지 않았던 것이다.

20대 친구들과의 온라인 강의는 마치 실시간 채팅에 답을 해주는 크리에이터마냥 피드백이나 질문을 빠르게 받을 수 있고 바로 답을 해줄 수 있다는 점에서 좋았다. 오프라인 강의였다면 학생들이 그 정도로 자유롭게 수업 중간중간 질문을 던지기 힘들었을 것이다. 심지어 한 학기 동안 얼굴도 본 적 없는 수강생들과 교감할 수 있을까 의문이었는데, 종강 즈음 되니 온라인이든 오프라인이든 그런 면에서는 큰 차이가 없다고 느꼈다. 도리어 오프라인 때보다 직접적인 소통이 더 많다 보니 종강으로 인한 헤어짐의 아쉬움도 더 크고, 마지막 종강 인사도 더 애틋했던 것 같다.

《사피엔스》의 저자 유발 하라리도 언급했던 것처럼 앞으로는 인터넷을 기반으로 하는 원격 수업이 보편화될 것이다. 그렇게 나와는 전혀 상관없다고 여긴 일들이 우리 삶의 일부가 되는 시대가 올 것이다.

여전히 젊은 친구들이 이야기하는 실시간 스트리밍 서비스가 낯선가? 나도 그 낯선 서비스가 두렵고 멀게만 느껴졌다. 그런데 막상 다가가 보니 생각보다 괜찮았다.

무엇이 되어야 할까

30대 중후반의 나는 고민한다. 과연 무엇이 되어야 하는 걸까? 20대에는 끝날 줄 알았던 고민을 30대에도 하고 있다. 왜냐하면 그때와 지금이 다르고, 앞으로도 시대는 계속 변화할 것이기 때문이다.

처음 유튜브 크리에이터들이 게임이나 먹방 등을 소재로 방송할 때 '저걸 왜 할까?' 하고 조금 의아하게 생각했다. 그런 걸로 수익을 낸다는 것 자체를 생각해본 적이 없었다. 그런데 지금은 유튜브의 실버 버튼을 받으면 인증샷을 올리는 시대가 되었다. 이 버튼이 실버, 골드, 다이아몬드, 루비까지 있다는 것도 이번에 알았다.

예전에는 게임을 하면 논다고 부모님께 혼났는데, 요즘은 프로게이머가 되기 위한 학원도 있다. 이처럼 세상은 끊임없이, 그리고 점점 빠르게 변해가고 있다. 코로나는 어찌 보면 그러한 시대적 흐름에 작은 촉매제 역할을 했을 뿐이다.

지금 시대는 말한다. 영원히 안정적인 직업, 영원히 안정적인 삶이라는 것은 거품처럼 사라지기 쉬운 것이라고 말이다. 사실 세상의 변화는 오늘날에 갑자기 발생한 현상은 아니다. 시대의 변화는 기원전부터 멈춘 적이 없다. 그러나 변화의 속도가 느리든 빠르든 그 시대의 기성세대들에게 변화는 늘 두렵다. 변화를 따라가기가 점점 힘들어지기 때문이다. 그래서 한살 한살 나이를 먹을수록 변화가 싫어진다.

그럼에도 불구하고 변화를 거스를 수 있는 사람은 없다. 변화를 멈출 수 없다면 결국 중요한 것은 이러한 변화에 어떻게 적응하고 이용할 것인가이다. 변화가 빠른 이 시기는 100세 시대를 살아가는 우리에게 제2의 인생을 부여하는 기회인지도 모른다.

해석도 시대에 따라 바뀐다

시대는 변신 중

"라떼 이즈 홀스(Latte is horse)!"

처음 들었을 때는 무슨 말인가 했다. 알고 보니 기성세대의 고리타분함을 지적하는 의미로 "나 때(latte)는 말(horse)이야"의 우스꽝스러운 영어 번역이라고 한다. 참 센스 넘치는 표현이다.

30대 중후반의 나는 아직 스스로가 기성세대라고 생각하지 않는다. 그러나 수업 시간에 내가 아는 것을 비유로 들 때면 간혹 학생들과 대화가 통하지 않는다는 것을 느낀다. 예를 들어 예전에 유명했던 TV 프로그램을 이야기하면 학생들 중에는 "그때 저는 두 살이었어요"라고 말하는 경우도 있다.

나 때 인기 있는 애니메이션이나 영화를 아느냐고 물어보면 "이름은 들어봤어요"라고 답하는 친구들이 매년 늘어난다. 심지어 워크맨이나 CD플레이어 등 내가 10대, 20대 때 사용했던 물건들을 이야기하면 "선생님 중고등학교 때는 교복 입었어요?"라고 묻는 학생들도 있다.

눈의 구조를 필름 카메라에 비유하여 설명할 때면 "혹시 필름 카메라를 본 적이 있니?"라고 묻는다. 내가 중고등학교 때는 눈의 구조를 필름 카메라에 비유해서 설명했다. 필름 카메라가 보편적이었기 때문에 인간의 망막에 대상이 거꾸로 맺힌다는 것을 카메라 필름에 비유하여 이해할 수 있었다. 그러나 어느 순간부터 '이 친구들이 필름 카메라를 알까?', '필름 카메라를 본 적이 있을까?'라는 의구심이 든다.

예전 물건들에 관한 이야기가 나오면 학생들은 언젯적 사람이냐는 듯 나를 흥미롭게 바라본다. 그래서 나는 매 학기 수업을 준비할 때마다 예로 드는 TV 프로그램이나 영화, 사물들이 지금 20대 초반 친구들도 아는 것인지 고민하고 수정해나간다.

사실 '라떼 이즈 홀스!'는 수업 때만 느끼는 것이 아니다. 요즘 공중파 드라마나 예능을 보면 다시금 시대가 변했다는 것을 느끼며, 그 선정성이나 폭력성에 놀란다. 예전 같으면 방영되지 못할 연예인들의 염색 머리나 배꼽티, 드라마의 키스신이 아무렇지 않게 등장하는 것은 정말 단적인 예다.

이처럼 그때는 당연했던 제약들이 시간이 지나면 우스꽝스러울 정도로 이상해 보인다. 생각해보면 지금 당연하게 여기는 제약들도 몇 년이 지나면 아주 우스운 제약처럼 보일 것이다. 한번 생각해보라. 지금 금지하거나 비난하는 것들 중 어떤 것들이 시간이 지나 우스꽝스럽게 여겨질까? 심지어 이런 제약뿐 아니라 우리가 불변할 것이라고 여기는 가치들 역시도 얼마나 변화무쌍하게 변하느냐는 말이다.

역마살도, 정해진 '나쁜' 팔자도 없다

예전에는 사주에 역마살이 있으면 한곳에 정착하지 못한다고 하여 좋지 않게 여겼다. 김동리의 단편소설 〈역마〉에 나오는 주인공 성기의 경우가 당시의 가치관을 잘 보여준다. 성기의 어머니 옥화는 아들의 역마살을 누르고자 절로 보내기도 하고, 어떻게든 결혼을 시키려고 한다. 이러한 옥화의 태도를 통해 역마살이 몇십 년 전만 해도 눌러야 할 대상으로 여겨졌다는 것을 알 수 있다.

그러나 최근 들어 역마살에 대한 관점이 달라졌다. 외국에서 태어나 한국에서 살다가 성인이 되어 다시 외국으로 나가서 사는 친구가 있다. 이 친구의 사주에는 역마살이 크게 자리 잡고 있다고 한다. 예전에는 역마살을 떠돌이 팔자로 받아들였지만 요즘은 해외에서 살거나 해외에서 크게 활동한다고 풀이하는 역술가들을 여럿 보았다. 그래서인지 이 친구도 여전히 여러 나라를 다니며 국제적으로 일을 하고 있다.

이처럼 예전에는 좋지 못했던 사주가 시대가 바뀌면서 좋게 해석되기도 한다. 역마살이 그때나 지금이나 한곳에 정착하지 못한다는 의미인 것은 변함이 없다. 다만 시대의 변화에 따라 사람들의 활동 영역이 전 세계로 확대되면서 역마살이 나쁜 살에서 좋은 살로 해석되기 시작한 것이다.

이와 비슷하게 '여자 팔자가 세면 인생이 사납다'는 말이 있다. 예전에 한 역술인이 친구에게 팔자가 세다는 말을 했다. 20대 초반의 우리는 그 말을 듣고 기분이 썩 좋지 않았다. '여자 팔자가 세면 인생이 평탄하지 못하다'는 인식이 있었기 때문이다.

그런데 지금 역술인들은 여자 팔자가 세다고 해서 나쁜 것이 아니라고 한다. 예전에는 여성이 남편 그늘 아래에서 남편이 벌어오는 월급으로 살림하는 것이 안정적인 삶이라고 여겼다. 그런데 팔자가 센 여자들은 자신이 직접 가족을 부양하기 위해 사회로 나가 돈을 벌어야 했기 때문에 그런 편견이 있었다는 것이다. 지금 시대에는 팔자 센 여자가 사회적으로 능력 있는 여자로 해석될 수 있다고 한다.

이처럼 모든 것이 항상 좋기만 하거나 나쁘기만 하지는 않다. 대상은 달라지지 않았는데도 시대에 따라 해석은 달라질 수 있다. 그때는 나쁘게 여겨졌던 것들이 지금은 복으로 해석되기도 한다.

당신에게 역마살이 있다면, 혹은 팔자가 세다는 소리를 듣는다면 예전의 편견에 휘둘리지 마라. 왜냐하면 지금은 그런 이야기들이 남보다 더 활발히 활동한다는 의미로 해석될 수 있는 시대이니 말이다.

가치는 변한다

시간은 흐르고 시대는 변한다. 그리고 시대가 변하면 가치도 바뀐다. 대학 강의를 시작하기 전 강사나 교수들은 인권 교육을 받는다. 인권과 관련한 다양한 주제가 다루어지는데 그중 하나가 성소수자에 관한 것이다. 그 당시 인권교육을 하던 강사는 악의가 없더라도 이성애가 당연하다거나, 성소수자에 대한 차별적 발언을 해서는 안 된다고 강조했다. 이때 교육을 받던 한 선생님이 "수업에 성소수자가 얼마나 된다고……"라고 중얼거렸다. 그 말을 들은 강사가 답했다.

"여러분 수업에 적어도 10퍼센트 이상은 성소수자 친구들이 있다고 생각하시면 됩니다."

정말 10퍼센트 정도인지는 모르지만, 우리의 예상보다 많은 성소수자들이 있다는 것을 강조하신 것 같다. 아무튼 교육을 받는 사람들이 자신이 생각했던 것보다 큰 수치였는지 순간 주변이 술렁거렸다. 그렇다면 성소수자들은 항상 사회의 음지에서 드러나지 못했을까? 대학원 시절 동성애를 불교에서는 어떻게 바라보는지에 관한 발표를 한 적이 있다. 발표를 준비하면서 자연스럽게 성소수자들을 바라보는 관점이 시대와 역사에 따라 달랐다는것을 알 수 있었다.

그리스 시대에는 동성애가 일반적이었고, 중세 유럽에서는 '소돔과 고모라' 이야기에서 짐작할 수 있듯이 동성애를 하나의 죄악으로 보았다(성경에서는 하나님의 심판을 받아 소돔과 고모라가 멸망했다고 나온다. 그리고 학자들 간의 해석 차이는 있으나 그 이유가 두 도시에서 동성애가 심각했기 때문이라고 한다. 참고로 남자끼리의 성행위를 의미하는 남색(sodomy)이라는 말이 여기서 나왔으며, 동성애를 금지하는 법을 소돔법(sodomy law)이라고 부른다). 동양의 정사(正史)에서도 동성애와 관련된 기록을 찾아볼 수 있다. 특히 중국의 명청(明淸) 시대에는 공공연하게 남성 동성애 풍조가 있었다고도 한다.[17]

20여 년 전 연예인 홍석천이 커밍아웃을 했을 때 그 후폭풍은 거셌다. 이후 오랜 기간 그를 TV에서 볼 수 없었는데, 지금은 드라마나 영화, 예능에서 그를 쉽게 만날 수 있다. 또한 성소수자를 다룬 작품들 역시 어렵지 않게 발견한다. 그렇다고 성소수자를 바라보는 시선이 긍정적이기만 하다는 것은 아니다. 다만 '틀린

게 아니라 다른 것'이라는 시각이 커졌다는 것을 느낀다.

우리가 지금 당연하다고 여기는 '가치'는 시대와 상황에 따라 얼마든지 다른 관점으로 변할 수 있다. 그러니 당신의 가치에 맞지 않는 무언가에 맞닥뜨린다면, 그것을 단순히 틀렸다고 할 것이 아니라 혹시 내가 기존의 가치에 얽매여 그 대상이나 문제를 치우쳐서 보고 있는 것은 아닌지 고민해봤으면 한다.

새로운 것에 늘 도전하라

세상은 당신이 완벽해질 때까지 기다려주지 않는다

시작을 잘 못 하는 사람들이 있다. 생각이 많아서이기도 하고, 아직 준비가 덜 되어서이기도 하다. 나 역시 시작이 어려운 사람이다. 어떤 일을 할 때 완벽하게 준비된 다음 시작해야 한다고 생각하기 때문이다.

완벽의 기준을 맞추려다 보니 시작 자체가 안 되는 경우도 많다. 머릿속의 생각을 실현하기 위해서 더 많은 준비가 필요하다는 생각에 시작도 하기 전에 멈춰버린다.

그런 생각이 바뀐 것은 대학 강의를 시작하면서부터다. 우연한 기회에 좀 일찍 강단에 설 기회가 있었다. 기회가 처음 왔을 때 나는 "아직 강단에 서기에는 너무 준비가 안 됐어요"라며 손사래를 쳤다. 자신도 없었고 생각만큼 준비가 되지 않은 상태였다. 그래도 어찌어찌하다 보니 그다음 학기에 강단에 서게 됐다.

확실히 실전은 생각과 달랐다. 준비가 안 됐다고는 하지만 나름 자신감이 있었는데, 막상 수업 시간에 잠을 자는 학생들을 보면서 좌절했다. 역시 나는 준비가 안 된 건가 하는 생각과 함께 내 문제가 무엇인지 알고 싶었다.

궁금한 마음에 학생들에게 묻기도 하고, 내 강의를 녹음해서 들어보기도 했다. 내가 가르치는 데 재능이 없는 건 아닐까 자책하면서 괴로워하기도 했다. 하지만 한 학기 강의를 그런 이유로 중간에 그만둘 수는 없었다. 그래서 어떻게든 꾸역꾸역 수업을 진행해나갔다.

무척 힘들었지만 그래도 강의를 하며 내 문제를 파악하고 고쳐나가는 것은 의미가 있었다. 그래서였을까? 몇 학기가 지나자 강의는 좀 더 안정세를 찾았다. 초반에 학생들이 지적한 단점도 많이 개선되었다.

1시간 30분짜리 수업을 넉넉하게 2시간 분량으로 준비해 가도 처음에는 떨려서 1시간 만에 끝내기 일쑤였다. 그런데 어느 순간 30분 분량을 1시간 정도로 설명할 수 있을 만큼 여유가 생겼다. 그때가 되서야 알았다. 완벽한 준비라는 것은 일단 시작해봐야 알 수 있다는 것을 말이다.

일단 실행하라

자신이 가진 생각들을 실행하지 않으면 그건 말 그대로 상상이고, 가설이며, 시뮬레이션일 뿐이다. 당연히 10명 중 9명은 처음에 잘 못 한다. 미숙하기도 하고, 엉망진창에 실수투성이다. 내 상상과 달리 최악일 확률도 높다.

나도 그랬다. 그런데 하다 보니 늘었다. 머릿속으로만 생각할 때와는 달리 막상 부딪혀보니 진짜 문제들이 보였다. 그리고 일단 부딪히고 고쳐나가면서 이전보다 나아지고 있다는 것을 느꼈다.

그렇다고 해서 지금 내 강의가 완벽하다는 것은 아니다. 다만 매 학기 강의 평가를 보면서 학생들이 아쉽다고 하는 부분들을 보완하려고 노력한 결과 지금은 이전보다 나아졌다는 것이다. 내가 완벽하게 준비하고 강단에 서려고 했다면 아마 나는 지금도 서지 못했을 것이다.

당신이 무언가를 시작할지 지금 고민하고 있는가? 그렇다면 계획이 완벽해질 때까지 준비할 것이 아니라 일단 실행하면서 보완하라. 완벽은 머릿속이 아니라 현실에서 만들어진다. 그러니 지금 실행하라.

세상 속에서 깨지면서 성장하자

완벽하지는 않더라도 어느 정도 준비가 되면 일단 시작해야 실력이 는다는 것을 요즘 깨닫고 있다. 이 깨달음은 다름 아닌 시아버지를 통해 알게 된 것이다.

코로나19 이후 온라인 강의를 하면서 다양한 콘텐츠로 유튜브를 해봐도 재밌겠다고 남편에게 몇 번 말한 적이 있다. 남편도 일단 시도해보라고 했는데, 나는 계속 어떤 것이 좋을까 생각만 하다가 결국 지금까지 아무것도 하지 못했다. 그런데 시아버지는 달랐다.

1~2년 전부터 시아버지는 기타를 배우셨는데, 한 달 전부터 갑자기 유튜브에 자신의 기타 치는 영상을 업로드하기 시작하셨다. 매일 노래와 함께 기타 한 곡을 연주해서 올리셨는데, 아버님의 그런 추진력이 놀랍기도 하고 신기하기도 했다. 그리고 그제야 시어머니의 말씀이 이해되었다.

결혼 전 사법고시생이었던 아버님과 어떻게 결혼을 결심하셨냐고 여쭤본 적이 있다. 어머님께서는 그때까지의 아버님을 지켜봤을 때 '이 남자는 언젠가 뭐든 해도 할 사람이다'라는 확신이 있었다고 한다. 어머님의 예상이 맞았다. 아버님은 결혼 후 사법고시에 합격했고, 지금도 열정적으로 일하고 계신다. 게다가 환갑이 넘은 나이에 유튜브도 하신다.

나는 아버님이 유튜브를 하시는 걸 보면서 '하고자 하면 하는 분이구나'라는 생각이 들었다. 그러나 사실 내가 더 놀란 것은 아버님의 연주 실력이었다.

참고로 나는 기타에 대해 잘 모른다. 하지만 솔직히 처음 영상을 올리셨을 때 아버님의 기타 실력이 아주 뛰어나다고는 생각하지 않았다. 실수도 있었고, 연주 중간중간 어색한 부분도 있었다. 비밀이지만 그 당시에는 아직 영상으로 올리기에는 조금 아쉽지 않나 하는 생각도 조금 했다.

하지만 아버님은 거의 매일 영상을 찍어 올리셨다. 그리고 한 달도 되지 않아 아버님의 기타 실력은 처음보다 훨씬 좋아지셨다. 그 한 달 동안 아버님의 기타 실력이 2년의 연습 기간보다 더 빨리 늘었다는 생각이 들었다.

그런 아버님의 모습을 보고 다시 생각했다. 일단 완벽하지 않아도 시작해야 한다. 시작은 시작일 뿐이지만, 시작도 안 하면 그냥 아무것도 아니다. 나는 아버님을 보면서 완벽이란 시작 전이 아니라 시작 후에 완성된다는 걸 다시 한 번 확인할 수 있었다.

아직 완벽하지 않아서 무언가를 할까 말까 고민 중이라면 일단 작게라도 시작해보자. 세상은 당신이 완벽하게 될 때까지 기다려주지 않는다. 도리어 부족하더라도 세상 속에서 깨지면서 성장하자.

6장

당신의 아픔을 축복하라

외로움을 떨쳐내려 하지 말고 친구 삼아라

스물일곱 살, 갑자기 떠나다

스물일곱 살, 대학원에서 프로젝트가 끝나자마자 미국 여행을 갔다. 졸업하면 현실에 쫓겨 여행을 많이 다니지 못할 것 같아 내린 결정이었다. 갑작스러운 여행 소식에 주위 사람들은 '갑자기?'라는 반응을 보였다. 다른 사람들 입장에서는 그렇게 생각할 수 있는 것이었지만 크게 신경 쓰지 않았다.

문제는 부모님이었다. 계획에 없던 여행을 반년 정도 다녀오겠다고 하면 쉽게 허락하실 것 같지 않았다. 그래서 집에는 어학연수 겸 3개월 정도만 갔다 오겠다고 했다. 마음속으로는 6개월 정도를 계획하고 있었지만 말이다. 게다가 어학연수라기보다는 여행이라는 개념이 더 정확했다. 그렇지만 일단 집에는 어학연수라고 하고 떠났다. 그래야 걱정 많은 어머니가 여행을 허락해 줄 것 같았다.

소속되지 않은 외로움

처음 간 곳은 중부의 작은 대학에 있는 어학원이었다. 거기서 8주를 보낸 후 한 달 정도 시카고, 워싱턴, 마이애미 등 유명 도시를 여행했다. 혼자 하는 여행인지라 정말 가고 싶은 곳까지는 다 가지는 못했다. 특히 뉴올리언스 지역을 가보고 싶었지만, 한국에 있던 미국 친구가 "거긴 진짜 위험해"라고 하는 바람에 마음을 접었다.

그렇게 두 달은 어학원을 다니고, 한 달은 다른 여행지들을 돌아다니다가 뉴욕으로 갔다. 뉴욕에서는 집을 렌트해 3개월을 지냈다. 비자 때문에 뉴욕에서 머무는 3개월 중 한 달은 또 어학원을 다녀야 했다.

그 한 달을 제외하고 뉴욕에서의 내 신분은 그냥 '여행객'이었다. 엄밀하게 말하면 장기 여행객이었고, 하릴없는 장기 여행객은 그곳에서 그저 '이방인'이었다. '이방인'은 매우 낯선 경험이었다. 대학교 때 일본으로 교환학생을 가서 1년 정도 지낸 적이 있지만 그것과는 전혀 달랐다. 몇 주 전 미국 작은 대학의 어학원에 다닐 때하고도 달랐다.

뉴욕에서 나는 어디에도 소속되지 못했다. 철저히 그 도시의 이방인이었다. 그때 처음 소속감이 주는 안도감이 얼마나 큰 것인지 깨달았다. 그저 어느 학교 학생, 어느 학원 학생이라는 이름 하나 없을 뿐인데 마치 이 도시에서 불필요한 이물질이 된 기분이었다. 학원에 다니든 다니지 않든 생활 면에서는 크게 다를 것이 없었지만, 어딘가에 소속되어 있느냐 아니냐는 심리적으로 매우 중요하다는 것을 그때 깨달았다.

"고독도 공부야"

원래 외로움을 많이 타는 성격이었지만 뉴욕에서 보낸 시기만큼 외로웠던 적도 없다. 너무 외로워서 여기에 있는 것이 맞는 걸까라는 생각을 여러 번 했다. 매일 밤 방 한구석에 누워 그런 생각에 잠겼다.

가족들과 전화를 하는데 아버지가 그런 내 마음을 아셨는지 외롭다고 한 적도 없는데 이렇게 말씀하셨다. "원선아, 때로는 고독도 공부야." 그 말을 듣자 마음에 뭔가 뭉클함이 맺혔다. 아버지의 말씀을 들으니 내가 느끼는 이 외로움이나 고독이라는 감정들이 전혀 쓸모없는 것은 아닐지도 모른다는 생각이 들었다. 어찌 보면 그때 나는 매우 값비싼 공부를 하고 있었던 것이다.

외로움은 반드시 벗어나야 하는 감정일까

당신은 외로운가? 외로움에서 벗어나고 싶은가? 외로움에서 벗어날 수 있을까? 아니 질문을 바꿔보자. '외로움', '고독'은 꼭 벗어나야만 하는 것일까?

사랑하는 사람이 있어도 외로울 때가 있다. 예전에 누군가 나에게 말했다. 결혼하니 더 외롭다고……. 사랑하는 사람이 옆에 있으면 외롭지 않을 줄 알았는데, 그 사람이 옆에 있어도 자신의 외로움이 채워지지 않는다는 것을 알게 되었다고……. 그걸 알고 나니 더 외로워졌다고 한다.

몇 번의 연애를 하면서 그게 무슨 말인지 이해할 수 있었다. 누군가 옆에 있다고 해서 나의 외로움이 채워지지는 않았다. 어쩌면 외로움이란 누군가가 채워줄 수 있는 것이 아니라 인간 본질의 문제인지도 모른다고 생각했다.

김조한의 '사랑에 빠지고 싶다'라는 노래를 들어본 적 있는가? 그 노래 가사가 딱 그렇다. 나름 괜찮은 인생을 살고 있는데도 외로워서 눈물이 난다고 한다. 그리고 고독이라는 녀석이 다가와 진짜 행복하냐고 묻는다. 그럼 나는 답한다. 너무 외롭다고, 내가 존재하는 이유가 무엇인지 모르겠다고……. 그러면서 가사 끝부분에서 '사랑하면서 난 또 외롭다'고 말한다.

이 노래를 들으며 공감을 하기도 했지만 한 가지 확실히 알 수 있었던 건, 나만 외로운 게 아니고, 결혼한 그 여자만 그런 것도 아니며, 누구나 그런 감정을 가지고 살아간다는 것이었다.

내 몫의 외로움

어린 시절부터 항상 궁금했다. 어떻게 하면 외롭지 않을 수 있을까? 내 외로움에 분명한 이유가 있는 것도 아니었다. 부모님이 모두 살아 계시고 충분한 지원을 받았다. 공부도 못하지 않았고, 친구들하고도 원만하게 지냈다. 그런데 어린 나이에도 가슴 한 구석이 항상 시렸다. 외로움이 뭔지도 모르는 나이에도 외로웠다. 가족과 친구가 곁에 있어도 채워지지 않는 부분이 있었다. 언젠가는 그것을 채워줄 수 있는 사람을 만날 거라고 기대했다. 나에게는 백마 탄 왕자보다 외로움을 채워줄 사람이 더 절실했다.

그런데 20대가 되어 연애를 하고 다양한 사람들을 만나면서 알게 되었다. 나의 외로움은 타인이 채워줄 수 없는 것임을 말이다. 그리고 스물일곱 살 뉴욕 어느 방 한편 침대에 누워 '고독도 공부야'라는 아버지의 말을 떠올리며 그것을 이제 그만 받아들이기로 했다. 마치 주어진 운명을 끝끝내 거부하다가 결국 받아들일 수밖에 없는 소설 속 인물들처럼 말이다.

그때 생각했다. 내 외로움을 타인을 통해 채우려고 하지 말자. 그리고 이 외로움을 없애려고 하지도 말자. 이것도 내가 가지고 태어난 하나의 감정일 뿐이다. 이 외로움도 내 몫으로 받아들이자.

외로움에서 도망치려 해서 괴롭고, 도망치지 못해서 괴로웠는데 막상 그렇게 생각하니 마음이 조금 편안해졌다. 그렇다고 해서 외롭지 않은 것은 아니었다. 외로웠지만 타인을 통해 해소될 수 없다고 인정하니 견딜 만했다. 그냥 외로움은 내 몫이었을 뿐인 것이다.

외로움의 정면을 향하여

몇 년 후 나만 이런 생각을 한 게 아니라는 것을 알았다. 정신과 전문의 김상준 박사는 자신의 책《프로이트와 영화를 본다면》(BG북갤러리, 2014)에서 비슷한 이야기를 했다. 우리가 슬플 때 울고 기쁠 때 웃듯이 외로움이라는 것도 그런 감정 중 하나로 받아들이면 된다고 말이다. 외로움 역시 기쁨이나 슬픔처럼 자연스러운 감정으로 이해하면 된다. 그러나 많은 이들이 '외로움'을 특별하게 여기기에 지울 수 없는 감정으로 괜히 더 힘들어한다는 것이다.

"고독도 공부다."

이 말은 고독해졌을 때야 비로소 보이는 것이 있다는 의미가 될 수도 있고, 고독 그 자체를 수용했을 때 이해되는 것들이 있다는 의미가 될 수도 있다. 당신의 삶을 타인에게 맡기지 않을 거라면, 당신의 고독도 결국 당신만의 몫이다. 그러니 살을 베어내듯 외로움을 떼어내려고만 하지 말고, 그런 자신을 받아들여 보라. 그럼 그것을 지우느라 놓쳤던 당신 마음속 외로움이라는 아이가 전하고자 하는 말이 좀 더 제대로 들릴 것이다.

어쩌면 내 약점은 내 강점일지도 모른다

도망갈까, 들어갈까

두 명의 원시인이 풀로 가려진 숲 입구에 서 있는데, 갑자기 숲속에서 바스락거리는 소리가 난다. 한 명은 맹수의 소리라 생각하여 도망가고, 다른 한 명은 바람이나 토끼 같은 동물이라고 생각해 숲속으로 들어간다. 그 소리가 정말 바람이나 토끼처럼 위협적이지 않은 대상이라면 도망간 원시인은 헛짓을 한 것이다. 그러나 정말 맹수의 소리라면 도망간 원시인은 살 것이고, 숲으로 들어간 원시인은 죽을 가능성이 높다.

위협적이지 않은 상황에서는 숲에서 도망을 치든 숲으로 들어가든 둘 다 생존한다. 그러나 위협적인 상황에서는 위험을 미리 짐작한 사람이 그렇지 않은 사람보다 살 가능성이 더 높다. 그렇게 부정적 사고를 가진 개체는 험난한 자연 속에서 살아남을 확률이 높다. 그렇게 부정적 사고를 가진 개체가 그렇지 않은 개체보다 수적으로 더 많이 살아남아 세대를 이어가고, 그런 유전자를 가진 사람들은 진화 과정에서 더 부정적인 관점을 강화시킨다. 왜냐하면 그것이 생존에 도움이 되었기 때문이다. 그래서 많은 진화론자들은 인간이 부정편향에 가까울 수밖에 없다고 한다.

문제는 현대에 와서다. 더 이상 숲으로 들어가 사냥을 하지 않아도 되는 인간에게 부정편향은 행복을 저해하는 요소로 취급받는다. "넌 너무 쓸데없는 걱정이 많아", "넌 너무 부정적이야"라고 하면서 말이다. 그래서 많은 자기계발서에서는 '긍정적으로 살아라', '너무 걱정하지 말아라', '네가 하는 걱정의 대부분은 쓸데없는 것이다'라고 말한다. '행복해지려면', '성공하려면'이라는 전제를 붙이며 '부정적 사고'나 '걱정' 같은 것들이 자신의 행복과 성공을 가로막는 장애물인 것처럼 말한다. 그리고 그 책을 읽는 부정적이고 걱정 많은 사람들은 마치 문제가 자기 자신에게 있는 것처럼 여기며 이를 바꾸기 위해 고민한다.

그러나 진화론자들의 말이 맞다면 우리는 쓸데없는 걱정을 많이 하도록 진화해왔다. 그렇게 몇 세기를 살았는데 최근에 와서 그걸 비난하다니…….

'걱정도 팔자'였던 나

사실 나는 걱정이 많은 사람이다. 걱정을 사서 할 정도다. 때로는 걱정이 없으면 오히려 불안감을 느끼기도 했다. 주위 사람들도 '필요 이상으로 걱정이 많다', '쓸데없는 걱정을 사서 한다'고 말하곤 했다. 나 역시 걱정에서 벗어나고자 다양한 책들을 읽었고, 어떻게 하면 걱정을 덜할 수 있을까, 어떻게 하면 비관적 관점에서 벗어날 수 있을까 고민했다.

나의 걱정은 꽤 어릴 때부터 시작되었는데, 그게 지나치다 보니 어느새 강박증이 되었다. 예를 들어 가족 중 한 명이 늦게 들어오면 나쁜 일이라도 생긴 건 아닐까, 하루아침에 집이 망하는 건 아닐까, 나쁜 사람을 만나서 부모님이 사기라도 당하면 어떻게 하지 등등 어린 시절부터 일어나지도 않은 일을 걱정하는 게 일이었다. 그런 생각에서 벗어나기 위해 내 의도와 상관없이 강박적 행동을 했다.

청소년기에 걱정을 없애기 위해 했던 강박적 행위들 중에는 시험을 망칠지도 모른다는 불안감에 반복적으로 손을 씻거나, 문손잡이를 두세 번씩 돌리는 것 등이 있었다. 가스불을 끄고 나온 후에도 정말 불을 껐는지 몇 번이고 다시 확인하는 경우도 흔했다. 그리고 이런 증상은 스트레스가 심할 때 더 자주 반복됐다.

불안감에서 하는 반복적 행위는 곧잘 나를 지치게 만들었다. 하지만 그런 행동을 하지 않으면 시험을 망칠지도 모른다거나, 나쁜 일이 생길지도 모른다는 불안감에 무시할 수 없었다. 그래서 심리학을 전공하기로 했을 때 강박증을 고칠 방법을 찾아야겠다고 생각했다. 하지만 방법을 찾기란 쉽지 않았고, 결국 어쩔 수 없는 것일지 모른다고 체념했다. 그럼에도 불구하고 단 하루만이라도 강박증에서 벗어나기를 간절히 바랐다.

강박증은 나를 성장시킨 원동력이었다

강박증에 대한 관점이 바뀐 것은 강박증을 치유하기 위한 약을 복용하면서였다. 약을 복용하면서 점차 강박증에서 벗어날 수 있었다. 그런데 예상치 못한 일이 발생했다. 그전까지는 일을 미루거나 몰아서 하지 않았는데, 약을 복용하기 시작하면서 180도 바뀐 것이다.

약을 복용하기 전에는 계획 세우기를 좋아했다. 심지어 해이해질 수 있는 인간 심리를 고려하여 여분의 시간까지 계획에 포함하곤 했다. 그리고 계획대로 되지 않으면 스스로를 들볶았고, 대부분 정해진 기간 내에 일을 끝냈다.

그러나 약을 복용하기 시작하자 이전처럼 자신을 몰아세우지 않게 되었다. 아이러니하게도 문제는 거기서 발생했다. 일을 처리하는 데 있어서 지나치게 여유가 생긴 것이다. 어느 순간 나는 막판에 일을 몰아서 하곤 했다. 최악의 경우 일정을 제대로 지키지 못하는 상황이 발생하기도 했다. 그렇게 여유가 게으름이 되어갈 때쯤 깨달았다. 나의 강박증이 나를 힘들게 하는 질환이자 내가 벗어나야 하는 증상만은 아니라는 것을 말이다. 도리어 나에게 강박증이 있었기에 지금까지 열심히 공부할 수 있었던 것임을 알았다.

대학교 때 나는 한 달 전부터 시험 공부를 했다. 일정을 맞추기 위해 시험을 준비하는 첫 주는 스스로를 엄청나게 압박했다. 친구들은 그런 나를 보면서 시험이 한 달이나 남았는데 왜 벌써부터 안달복달하냐며 '또 조급증이 도졌네'라고 했다. 그때는 그 소리가 너무 듣기 싫었다. 하지만 어쩔 수 없는 나 자신이 답답하기도 했다. 그런데 지금 생각해보니 강박증 덕분에 열심히 공부할 수 있었다. 시험에 실패할지도 모른다는 불안감, 걱정, 그로 인한 강박적 사고가 나를 불행하게 만드는 요소라고 생각했는데, 알고 보니 나를 성장시키는 가장 큰 요인이었던 것이다.

그렇다고 해서 다시 강박증을 겪고 싶은 것은 아니다. 다만 나를 괴롭히는 최악의 대상이 사실은 나를 가장 성장시키는 요인이었다는 점에서 내가 너무 일찍 강박증 치료를 받지 않도록 해준 주변 사람들에게 진심으로 감사한다. 이전에는 왜 치료받으려는 나를 막아 세우는지 답답하기도 했는데, 그랬기에 나는 지금 여기까지 올 수 있었던 것이다.

걱정을 성장의 힘으로, 걱정 때문에 걱정하지 말자

앞에서 이야기했듯이 인간은 생존을 위해 걱정을 많이 하도록 진화했고, 당신의 생각보다 당신의 걱정은 쓸모없는 것이 아니다. 그러니 쓸데없는 걱정들 때문에 괴롭다면 이를 조금만 다르게 생각해보라. 걱정에서 벗어나기 위해 더 걱정하고, 거기에 심리적 에너지를 쏟느니 차라리 그 걱정이 나를 어떻게 성장시키는지를 보라.

어쩌면 치열하게 살아남을 수 있었던 가장 큰 원동력은 당신이 벗어나고 싶어 하는 걱정과 불안, 그리고 부정적 사고 덕분일지 모른다는 사실을 발견하게 될 것이다.

상처받을수록 사랑한다

연애는 쇼핑이다

대학 때 동기 한 명이 이런 말을 한 적이 있다.

"연애는 옷을 쇼핑하는 것과 같아."

꽤 연애 전문가 포스를 풍기는 친구였는데, 그때는 무슨 말인지 이해되지 않았다.

그 친구의 말에 의하면 우리가 처음 스스로 옷을 사기 시작할 때는 보통 예뻐 보이는 옷을 고른다고 한다. 문제는 그런 옷들이 항상 자신에게 어울리지 않는다는 것이다. 그렇게 시행착오를 겪다 보면 어느 순간 보기에 예쁜 옷이 아닌 나에게 어울리는 옷을 고를 줄 아는 안목이 생기는데, 연애도 마찬가지라는 것이다.

처음 누군가를 좋아하거나 연애 상대를 선택할 때 우리는 남들이 보기에 멋진 사람을 좋아할 가능성이 크다. 예를 들어 스무 살 당신에게 두 명의 친구가 고백했다고 하자. 한 명은 배우 현빈을 닮았고, 주변 사람들에게 인기도 많으며, 농구도 잘하고, 유머 있고, 활달한 성격이다. 다른 한 명은 외모는 크게 튀지 않지만 조용히 자기 일을 묵묵히 해나가며 독서와 영화 감상 같은 정적인 취미를 가진 친구다.

스무 살의 나라면 현빈을 닮은 외모를 쉽게 외면하기 힘들었을 것이다. 두 사람이 같은 날 영화를 보러 가자고 제안하고, 비슷한 호감도를 가지고 있다면 현빈을 닮은 친구와 영화를 보러 갔을 가능성이 더 크다.

여기서 외모는 아주 단적인 예다. 20대 초반에는 그런 외형적인 조건도 많이 따지게 되고, 흔히 말하는 인싸 친구들이 더 눈에 띈다. 하지만 연애를 해보면 달라진다. 잘생기고, 인기 있고, 사교적인 그 친구의 성향이 나와 맞을 수도 있고 그렇지 않을 수도 있기 때문이다. 당신은 사람들과 북적북적 어울리기보다는 조용히 카페에서 책 읽기를 좋아하고, 여기저기 놀러 다니는 것보다는 영화관에서 영화 한 편을 보거나 전시관에 가는 것을 더 선호할 수도 있다. 그래서 둘의 성향 차이는 연애를 하는 데 새로운 자극이 될 수도 있지만, 여러 가지 갈등이 되기도 한다.

대학 때 한 선배가 이런 말을 했다. “여자친구가 김태희처럼 생겼다면 어떤 성격이든 다 감내할 수 있어." 그 후 선배는 김태희를 닮지는 않았지만 굉장히 외모가 출중한 여성과 교제를 했다. SNS에 자신의 여자친구 사진을 올렸을 때 나를 비롯한 주변 사람들이 장난하지 말라며 믿지 않을 정도였다. 정말 거짓말인 줄 알았다.

정말 예쁜 외모였는데 의외로 그 연애는 오래가지 않았다. 그 연애에 종지부를 찍은 것은 여자 쪽이 아닌 선배 쪽이었다. 그렇게 예쁜 여자친구와 왜 헤어졌는지 궁금해하자 선배가 말했다.

"아무리 예뻐도 성격이 안 맞으면 못 사귀겠더라."

자세한 이야기를 하지는 않았지만 취향이나 여러 부분에서 많이 달랐다고 한다. 얼굴이 예쁘면 성격이 어떻든 무조건 괜찮다고 했던 선배였는데, 막상 만나보니 그건 마치 사이즈가 맞지 않는 구두를 신는 것과 같았다고 했다. 그제야 예전에 "연애는 옷을 쇼핑하는 것과 같다"라고 했던 친구의 비유가 조금 이해되었다.

대학 때 꼭 해봐야 할 한 가지

나는 학생들에게 대학 때 꼭 연애를 해보라고 한다. 대학을 졸업하면 사람 만나기가 정말 쉽지 않기 때문이다. 한 살씩 나이를 먹을수록 사람 만나기가 어렵다는 말이 거짓말이 아니다. 주변 소개가 아니면 점점 만나기가 어렵다. 그래서 나는 학생들에게 대학을 졸업하기 전에 많은 연애를 해보라고 한다. 꼭 횟수가 중요한 것은 아니지만, 연애도 하고 다양한 사람들을 만나보라고 권유한다.

꼭 연애를 하라는 이유 중 하나는 연애를 하면 그전에는 몰랐던 자신의 모습을 발견할 수 있기 때문이다. 연애를 통해 우리는 가족이 아닌 사람과 매우 가까운 정서적 관계를 형성한다. 연인은 가족과도 다르고 친구와도 다르다. 친구일 때는 허용되고 신경 쓰지 않았던 것들이 연인이 되어서는 문제가 되기도 한다. 또 연애를 하면 가족이 아닌 가까운 타인을 대하는 내 모습이 어떤지 드러난다. 연애를 몇 번 하다 보면 내가 친밀한 인간관계에서 어떠한 문제가 있으며, 항상 어떤 바보 같은 선택을 하는지도 알게 된다. 자신이 몰랐던 자신의 모습에 놀라기도 하고, 때로는 그로 인해 상처받으며 성장하기도 한다.

매우 이성적인 줄 알았던 친구가 사랑에 모든 것을 내던지는 경우도 있고, 또 굉장히 감성적이라고 생각했던 친구가 연인의 잘못 앞에서는 매우 단호한 경우도 있다. '저 사람에게 저런 면이 있었구나' 하고 새로워하기도 하고 놀라워하기도 한다. 연애를 하지 않았으면 스스로도, 타인도 알지 못했을 모습들이다.

좀 더 젊을 때 다양한 사람을 만나라고 하는 또 다른 이유는 앞에서 이야기했듯이 보기에 예쁜 사람이 아니라 나에게 맞는 사람을 찾는 눈을 갖추기 위해서다. 처음 누군가를 좋아할 때는 보기에 예쁘고 멋진 사람, 다른 친구들에게 인기 있고 재미있는 사람이 눈에 들어올 가능성이 크다. 하지만 보기에 예쁜 옷이 나에게 꼭 어울리는 것은 아니듯이 연애도 마찬가지다.

나는 '좋은 남자, 좋은 여자'를 만나기 위해서 연애를 하라는 표현은 되도록 쓰지 않는다. 왜냐하면 나한테 나쁜 남자였더라도 다른 사람에게는 세상 어디에도 없는 좋은 남자일 수 있기 때문이다. 좋은 사람을 만나기 위해서가 아니라 당신에게 맞는 사람을 만나기 위해 다양한 사람들과 연애를 해보라고 하고 싶다. 그러한 경험이 때로는 상처가 될지언정, 앞으로 자신에게 더 맞는 사람을 찾는 길을 제공할 것이라고 믿기 때문이다.

상처받아도 계속 사랑하라

사실 내 연애도 항상 좋지는 않았다. 주위 사람들이 모두 뜯어말리는 연애도 해봤고, 남들처럼 평범한 연애도 해봤다. 평범한 연애를 했을 때는 나도 이런 연애를 할 수 있구나 하고 놀라기도 했다. 그래서 당시 남자친구에게 그런 연애를 하게 해줘서 고맙다고 했던 기억이 난다.

반면 무척 힘든 연애도 있었다. 상대가 나와 맞지 않아서 힘들기도 했지만, 남자친구의 주변 사람들 때문에 힘든 적도 있었다. 나중에는 내가 이상한 건지, 상대가 이상한 건지 알 수 없었다. 지금 생각해보면 누가 옳고 그르다기보다는 그냥 서로 맞지 않았던 것이다. 성격이든 상황이든 말이다. 그런데 지금 돌이켜보면 그런 연애가 있었기 때문에 나에게 더 맞는 사람을 만날 수 있었다고 생각한다.

남편과 나는 가끔 우리가 왜 좀 더 일찍 만나지 못했을까 하고 이야기한다. 그러나 우리는 알고 있다. 좀 더 일찍 만났더라면 우리는 서로에게 관심을 갖지 않았을 거라는 사실을 말이다. 결혼은커녕 연애도 안 했을지 모른다. 다양한 경험을 하고, 여러 사람들을 만나면서 자신의 가치관을 돌아보고, 취향에 대해 알아가면서 결국 자신에게 좀 더 맞는 사람을 선택하게 된 것이다. 그래서 이전의 연애들이 비록 아팠을지언정 헤어진 그 친구들에게 나름 감사한다. 지금 남편처럼 좋은 사람을 만날 수 있는 눈을 갖게 해줘서 말이다.

그러니 상처받더라도 계속 사랑하라. 그 상처가 언젠가 당신에게 가장 잘 맞는 사람에게 인도해줄 것이다.

영원하지 않아도 괜찮다

다 지나가리라

어느 날 다윗 왕은 세공사를 불러 아름다운 반지 하나를 만들라고 했다. 그리고 그 반지에 승리했을 때도 교만하지 않고, 패배했을 때도 절망에서 헤어날 수 있는 문구 하나를 새기라고 명했다. 고민에 빠진 세공사는 솔로몬 왕자에게 찾아갔고, 그는 우리가 익히 아는 그 말을 했다.

"이 또한 지나가리라."

위 내용은 유대교의 성서주석인《미드라시》에 나오는 내용이다. 나는 이 말이 다윗 왕의 요구에 너무도 적절한 문장이라고 생각한다. 승리의 기쁨은 시간이 지나면 사라질 것이니 거기에 너무 도취하지 말고, 패배의 아픔 역시 언젠가 사라질 것이니 너무 절망하지 말라는 의미가 이 한 줄에 모두 들어 있으니 말이다.

불교의 '무상'도 비슷한 의미다. 모든 것은 무상하기 때문에, 즉 변하지 않는 것은 없기 때문에 집착하지 말라고 한다. 사람도, 장소도, 아름다운 목소리도, 혹은 당신이 가진 가장 값비싼 물건도 계속 변한다. 성공에 대한 기쁨도, 사랑으로 인한 행복도 마찬가지다.

사랑의 호르몬이 사라지고 남은 것

사랑에 빠진 사람들의 호르몬 분비를 보면 모든 것이 영원하지 않다는 것을 알 수 있다. 이제 막 사랑에 빠진 사람들과 그렇지 않은 사람들의 호르몬 분비에는 차이가 나는데, 막 사랑에 빠진 사람들은 흥분과 쾌감 호르몬이 더 많이 분비된다. 그리고 남성의 경우 테스토스테론의 수치가 낮아져서 그전에는 유치하다고 생각했던 멜로 영화도 재미있게 보게 된다. 그런데 시간이 지나면 호르몬 수치는 이전으로 돌아간다. 불타는 열정도 전보다 사그라든다. 사귀는 시간이 길어질수록 상대의 열정이 식어가는 것을 보며 많은 사람들이 속상해한다.

나 역시 연애 초기에는 남편과 새벽 4시까지 통화를 하거나 메시지를 주고받았다. 나중에 알게 된 사실이지만 남편은 일찍 자고 일찍 일어나는 아침형 인간이었다. 그런 사람이 새벽 4시까지 전화를 붙들고 있었다니……. 아침 6시에서 7시에는 일어나는 사람인데 잠도 쪼개가며 연애를 한 것이다. 심지어 충분한 수면을 취하지 못하면 심하게 스트레스를 받는 편인데도 말이다. 게다가 메시지를 주고받을 때도 우리는 항상 장문의 편지처럼 내용이 길었다. 지금은 문자에 '응', '알았어' 정도의 단답을 달지만, 연애 초기에는 마치 시인이자 작가인 것처럼 긴 글로 서로의 마음을 고백하기 바빴다.

지금 생각해보면 어떻게 그럴 수 있었을까 싶기도 하고, 다시 하라고 하면 못 할 것 같다. 가끔 남편에게 연애 초기에 주고받은 메시지들을 장난스럽게 보여주면 부끄러움에 눈과 귀를 막는다. 나 역시 멜로드라마의 대사들보다 더 낯간지러운 그 메시지들을 잘 읽지는 못하겠다.

시간이 지나 지금은 둘 다 그 정도의 열정이 사라졌다. 우리가 새벽 4시까지 이야기를 나누는 일은 흔하지 않다. 처음과 같은 '열렬한' 애정은 어느 순간 자취를 감춘 것이다. 하지만 변해가는 것이 꼭 나쁘지는 않다. 사랑의 감정만 그런 것은 아니기 때문이다. 분노와 미움도 마찬가지다.

남들은 알콩달콩 보내는 신혼을 우리는 치열한 싸움으로 보냈다. 싸움으로 모든 정신적 에너지가 소진될 지경이었다. 그러나 지금은 그때를 회상하며 "우리 진짜 많이 싸웠지", "그때 정말 힘들었어"라고 웃으며 말한다. 시간이 지나 격정적 분노의 감정이 사라졌기에 가능한 일이다.

우리의 열정적 사랑이 지나갔듯이 그렇게 격정적 분노 또한 지나갔다. 그래서 모든 것이 변해간다는 것은 마냥 안타깝고 슬프기만 한 것은 아니다. 찰리 채플린이 말하지 않았는가. '이 사악한 세상에서 영원한 것은 없다. 우리가 겪는 어려움조차도.' 이 세상에서 영원하지 않은 것은 사랑이나 기쁨뿐만이 아니다. 우리가 경험하는 괴로움이나 분노 역시 언젠가는 지나간다.

당신이 지금 너무 행복하다면 그 또한 지나갈 것이고, 반대로 불행하고 힘들다면 그 역시도 지나갈 것이다. 그러니 어느 쪽이든 그것이 영원하지 않다고 기뻐하지도 슬퍼하지도 않았으면 좋겠다. 삶이란 영원하지 않아서 살 만한 것일지 모르니 말이다.

천국에는 유머가 없다

"계속 부서지다 보니 강해졌어요"

SNS를 보다가 우연히 '정은지가 멘탈이 강한 이유'라는 제목의 짧은 편집 영상을 보게 됐다. 걸그룹 에이핑크의 정은지와 팬의 인터뷰 영상이었는데 영상 중간에 다음과 같은 질문이 나왔다.

"언니가 멘탈이 강한 비결은?"

나는 멘탈이 강한 사람들은 타고나는 것인지, 아니면 나름 극복하는 방법이 있는 것인지 궁금했기에 이어지는 영상을 주의 깊게 보았다.

정은지는 질문에 다음과 같이 답했다.

"멘탈이 계속 부서지다 보니까 강해진 것 같아."

인터뷰를 진행했던 팬은 정은지가 많이 힘들었을 것 같다며 눈물을 보였다.

가장 약한 때가 가장 성장할 때

영상을 보고 나니 tvN의 예능 프로그램 〈알아두면 쓸데없는 신비한 잡학사전(알쓸신잡)〉에서 뇌과학자 장동선 박사가 했던 이야기가 생각났다.

그는 생물학을 배우면서 갑각류는 과연 어떻게 성장하는 것일까 의문을 가졌다고 한다. 인간은 척추동물이라 거죽이 말랑말랑한데, 갑각류는 단단한 껍질로 둘러싸여 있다. 그런데 이러한 갑각류가 성장을 하려면 어떻게 해야 하는 걸까?

방법은 간단하다. 바로 껍질을 벗는 것이다. 즉, 탈피를 통해 성장한다. 그러나 탈피한 직후의 갑각류는 가장 약한 상태에 놓인다. 아이러니하게도 갑각류가 성장하는 때가 바로 가장 약해져 있는 탈피 직후라는 것이다.

장동선 박사는 이와 함께 인간의 몸은 척추동물이지만, 인간의 마음은 갑각류일지 모른다고 했다. 사람이 성장하는 순간이란 강한 껍질에 둘러싸여 상처받지 않기 위해 견고함을 지키고 있을 때가 아니라, 그냥 스치기만 해도 상처받을 것처럼 약한 순간들이라는 것이다. 성장이란 내가 가장 강한 순간이 아닌, 내가 가장 약하고 힘들 때 일어난다는 의미다.

삶에서 이전보다 성장했다고 느낀 순간들을 생각해보라. 성장을 위한 그 시간들은 꿀처럼 달콤했는가? 아니면 입에 쓴 약과 같았는가? 나를 변화시킨 순간들, 나를 성장시킨 순간들을 돌이켜보면 의미는 있었지만 그 당시에는 너무 쓰게만 느껴지는 시간들이었다. TV나 책에 나올 법한 고난과 역경은 아니더라도 나라는 개인에게는 결코 편하지 않은 시간들이었다. 그래서 장동선 박사의 그 말은 내게 깊은 울림을 주었고, 왜 때로는 아픔이 우리를 가장 성장시킨다는 것인지 이해할 수 있었다.

암 선고 속에서 발견한 삶의 본질

앞에서 이야기했듯이 남편은 20대에 암 판정을 받았고, 치료를 위해 병원에 입원했다. 입원한 병실에는 남편보다 더 오랫동안 투병 중인 고등학생이 있었다. 그 환자는 아예 움직일 수조차 없었고, 그의 어머니는 병간호를 위해 병원 근처에 오피스텔을 구해야 했다. 아이도, 부모도 신체적으로든 정서적으로든 매우 지칠 법한 상황이었다.

남편은 그들을 보면서 자신이 저 상태였다면 벌써 모든 것을 포기했을 거라고 했다. 하지만 그들은 오랜 투병 생활과 병간호에도 하루하루 최선을 다해 열심히 살아가고 있었다고 한다. 남편은 그 모습을 지켜보며 '삶이란 어떻게든 살아가는 거구나'라는 것을 느꼈다고 한다.

나는 남편에게 '그때 암에 걸리지 않았더라면'이라고 생각한 적은 없냐고 물었다. 암에 걸리지 않았더라면 자신이 세운 목표대로 살아가고 있었을지 모르고, 지금과는 다르지 않았겠냐고, 아쉽지 않냐고 물었다. 남편은 답했다. 암에 걸린 것은 자신의 인생에서 축복은 아니더라도 삶에 대해 많은 것들을 바꾸어놓았다고 말이다.

그전에는 자신의 위치보다 더 나은 삶을 살기 위해 노력했는데, 암 판정 후 인생에서 중요한 것들이 무엇인지를 보는 시각이 달라졌다고 한다. 그래서 자신은 '그때 암에 걸리지 않았더라면'이라는 생각을 해본 적이 없다는 것이었다. 예전에는 안 좋은 일이 있으면 그 일이 왜 자신에게 일어났을까 원망하고 억울한 마음이 들기도 했는데, 암을 겪으면서 자신에게 일어난 일을 원망하는 것은 의미가 없음을 알았다고 한다. 대신 여기서 무너지지 않고, 어떻게 남은 시간을 후회 없이 살아갈지를 생각하는 것이 더 중요하다는 것을 배웠다는 것이다.

또한 그는 인생에서 가장 많은 것을 준비해야 하는 시기에 암에 걸렸고, 그로 인해 자신의 '사회적 시계'가 남들보다 늦어질것임을 짐작했다고. 자신이 암 치료를 받는 동안 다른 사람들은 커리어를 쌓고 있을 테니 말이다. 그리고 30대가 되었을 때 남편은 사회에서 요구하는 경력 기준에 도달하기 힘들 수도 있다는 사실을 알았다. 그러나 그는 그 사실이 괴롭게만 느껴지지는 않았다고 한다. 이 역시 자신이 받아들여야 할 몫이라는 생각이 들었고, 그래서 남들보다 더 노력해야 한다고 생각했다. 심지어 자신의 모든 운은 암을 완치하는 데 다 써버릴지도 모르기 때문에, 앞으로 힘든 일이 생기더라도 살아내는 것은 온전히 자신의 몫이라고 받아들일 준비를 하게 되었다고 한다.

나는 그의 생각이 굉장히 멋있다고 느꼈다. 자신의 삶을 온전히 자신의 것으로 받아들인다는 것이 쉽지 않다는 것을 나이가 들수록 느끼기 때문이다. 그에게 있어서 암 선고는 인생 자체를 수용하고 책임지는 법을 가르쳐준 가장 중요한 순간이었다.

아픔이 남긴 것들

암은 남편의 인간관계에도 영향을 미쳤다. 암에 걸리기 전 남편은 사회적인 인간관계에 집착했다고 한다. 삶이나 성공에서 인맥이 무엇보다 중요하다고 여겼다. 그러다 보니 다른 사람들에게 보여지는 자신의 모습에 많은 신경을 썼다. 자기가 생각하는 멋진 사람의 카테고리에는 사회적 네트워킹이 잘되어 있는 사람들이 포함되어 있었고, 자신 역시 그렇게 되고 싶었다고 한다.

그런데 암 선고를 받고 보니 인간관계에 대해 다른 것들이 보였다. 암으로 인해 삶의 끝에 서게 되자, 자신이 정말 힘들고 아플 때는 넓은 인적 네트워크가 생각만큼 대단하지 않다는 것을 느꼈다.

그는 치료를 받을 때 병으로 인해 약해진 모습을 다른 사람들에게 보여주고 싶지 않았고, 자신이 그만큼 힘들고 어려운 상황에 처해 있다는 것을 떠벌리고 싶지 않았다고 한다. 그러다 보니 인간관계가 저절로 정리되었다는 것이다.

우선 자신이 아프다고 이야기할 수 있는 사람과 그렇지 않은 사람이 구별되었다. 자신이 힘들 때 정말 힘들다고 말할 수 있는 사람과 그렇지 않은 사람들이 보였다. 그리고 그들이 자신의 삶에서 진짜로 함께 가야 할 사람임을 깨달았다.

더불어 왜 많은 사람들이 죽을 때 후회하는지도 그때 느꼈다고 한다. 죽음이 눈앞에 오면 대단한 인맥은 1도 중요하지 않다. 그 대단한 사람들이 자신을 어떻게 생각하는지, 다른 사람들이 나를 어떻게 보는지는 관심도 없어진다. 다만 자신의 옆에늘 함께했던 사람들에 대한 미안함과 후회를 느끼게 된다고 한다. 특히 가족은 항상 옆에 있는 사람들이고, 내 감정을 자유롭게 표현해도 나를 이해해주는 사람들이기에 지금까지 그것을 너무 당연하게 생각하고 있었다는 것을 깨달았다는 것이다. 그리고 죽음 앞에 서자 그런 사람들이 자신의 옆에 있다는 것이 얼마나 감사한 일이며, 왜 죽기 직전 대단한 사람이 아닌 가까운 사람들에게 미안함을 느끼는지 이해하게 되었다고 한다.

나는 그가 암을 완치한 후에 만난 사람이다. 그런데 그가 아팠을 때의 이야기를 들으면 생각한다. 이 사람에게 이런 시간들이 없었다면 내가 이 사람을 만나서 결혼까지 했을까? 그리고 이 사람은 나와 결혼했을까? 암과 같은 심각한 질병을 겪어보지 않은 나는 그 감정들을 100퍼센트 이해하지는 못한다. 그러나 그의 이야기를 들을 때면 (그에게는 매우 미안하지만) 그가 아팠던 것이 매우 가치 있고 고맙게 느껴진다. 아픔이 준 성장이 그를 그 어떤 어른보다 훌륭하게 키워냈다고 생각하기 때문이다.

피할 수 없다면 다시 봐라

'젊어서 고생은 사서도 한다'는 옛말이 있다. 그렇다고 훗날 내 자식에게 굳이 사서 고생을 하라고 말하고 싶지는 않다. 다만 크고 작은 아픔이 다가왔을 때 괴롭고 무서워서 외면하고 도망치려고만 하지 말았으면 한다. 그 시간들이 있기에 지금의 나는 이전의 나보다 더 성장했다고 생각할 수 있기를 바란다.

성장을 위해 다시 같은 선택을 할 것인지를 묻는다면 나는 '노(No)'라고 할 것이다. 그러나 그런 크고 작은 일들이 분명히 나를 성장시켰다는 것을 안다. 그러니 탈피 직후의 갑각류처럼, 앞으로 어떤 아픔이 생길지언정 성장의 시간으로 덤덤히 받아들일 수 있기를 바랄 뿐이다.

내 장례식에 오신 것을 환영합니다

잘 헤어질 수 있는 사람을 만나라

대학생 때 우연히 공지영 작가가 자신의 딸 위령에게 하고픈 말을 담은 책《네가 어떤 삶을 살든 나는 너를 응원할 것이다》(오픈하우스, 2008)를 읽었다. 솔직히 10년도 더 전에 읽은 책이라 자세한 내용들은 기억나지 않는다. 그럼에도 10년 넘게 내 마음에 남아 있는 문장이 하나 있다. 책의 첫 장에 나오는 말이다.

어느 날 딸 위령이 엄마 공지영에게 어떤 남자를 만나야 하냐고 물었다. 이에 공지영 작가는 '잘 헤어질 수 있는 남자를 만나라'고 조언했다. 누군가를 만나 연애할 때 이 사람과의 헤어짐이 좋은 기억으로 남을 수 있는 사람과 만나라는 것이다.

2008년 이 책을 읽고 10년 넘게 이 말이 내 마음속에 남아 있었던 이유는 연애를 하면서 그녀의 말에 깊이 공감했기 때문이다. 이 책을 읽을 당시 힘든 이별을 한 상태였고, 그 후유증으로 연애를 삶에서 도려내고 싶었다. 그래서였을까? 이후 누군가를 만날 때 내가 보는 것 중 하나는 잘 헤어질 수 있는 사람인가 하는 것이었다. 만나기도 전에 헤어짐을 생각하는 것은 지나치다고 느껴질 수도 있다. 하지만 만남이 있으면 언젠가 헤어짐이 있듯이, 첫 만남의 설렘만큼이나 마지막 순간이 좋은 기억으로 끝날 수 있는지는 생각보다 중요하다.

그래서일까? 그 후 한두 번을 제외하고는 나름 무난한 끝맺음을 했다. 이별은 가슴 아픈 일이었지만, 마지막 순간 서로에게 어느 정도의 예의를 갖춤으로써 좋은 기억을 가질 수 있었다.

그리고 시간이 지나 나는 그것이 단순히 어느 작가의 말이나 개인의 경험 문제가 아님을 알았다. 노벨 경제학상을 받은 한 심리학자의 이론을 통해 왜 이별이 아름다워야 상대에 대해 좋게 기억할 수 있는지를 배웠다.

대니얼 카너먼의 '절정-대미 이론'

노벨 경제학상을 받은 심리학자 대니얼 카너먼(Daniel Kahneman)

의 '절정-대미 이론(peak-end theory)'에 따르면 어떤 경험에 대한 전반적인 평가는 그 경험의 절정과 마지막에 의해 결정된다.

그는 대장 내시경을 받는 환자들을 대상으로 실시간 고통과 대장 내시경이 끝난 후 검사의 전반적인 고통의 강도에 대해 평가했다. 실험 결과 대장 내시경 검사의 전반적인 고통의 크기는 검사로 인한 고통이 절정일 때와 마지막 3분에 의해 결정된다는 것을 발견했다. 그의 연구팀은 약 700명을 대상으로 다시 이 실험을 실시했다. 이때 참가자의 절반은 27분 동안 대장 내시경을 받았고, 나머지 절반은 3분이 더 긴 30분 동안 내시경을 받았다. 다만 30분 동안 대장 내시경을 받은 집단의 경우, 마지막 3분은 내시경 기구를 그대로 둔 채 아무런 고통을 가하지 않았다.

실험이 끝난 후 두 집단에게 내시경 검사가 얼마나 고통스러웠는지를 물었다. 그 결과 27분을 받은 집단이 30분을 받은 집단보다 검사를 더 고통스럽게 느꼈다는 것을 알 수 있었다. 30분을 받은 집단은 3분 더 내시경을 받기는 했지만 마지막 3분이 고통스럽지 않았기 때문에 27분을 검사받은 집단보다 전반적인 고통의 강도가 더 적었던 것이다. 이에 카너먼은 전반적인 고통의 강도는 검사를 받는 시간과는 관계없으며, 절정의 순간과 마지막 순간에 의해 결정된다고 했다.

유사한 실험으로, 두 집단이 아주 차가운 얼음물에 손을 담갔을 때 통증의 강도를 알아보는 연구도 있다. A집단은 차가운 얼음물에 1분 정도 손을 담그고, B집단은 1분 30초 동안 담갔다. 다만 B집단의 경우 처음 1분은 A집단과 마찬가지로 아주 차가운 얼음물에 손을 담그지만, 나머지 30초는 물 온도를 1도 높였다. 그 결과 B집단이 A집단보다 실험에 참여한 시간이 1.5배 길었음에도 차가운 물에 의한 통증의 크기는 A집단보다 적었다. 마지막 30초가 A집단보다 덜 괴로웠기 때문이다.

끝이 좋아야 좋다

절정-대미 이론은 삶의 다양한 부분에 적용 가능하다. 이 이론은 왜 우리에게 이별을 잘하는 것이 중요한지를 알려준다.

당신이 1년 동안 사귀고 헤어진 연인이 있다고 하자. 당신은 364일 동안 매일 이벤트를 하며 연인에게 매우 잘해줬다. 그런데 헤어지는 순간 세상 한없이 지질하고 못난 사람이 되었다. 달콤한 364일의 연애와는 달리 헤어지는 그 순간 상대에게 심하게 화를 내거나 욕설을 할 수도 있고, 혹은 강남 한복판에서 소리를 질렀을 수도 있다. 아니면 자살 소동을 벌일 수도 있고, 싫다는 사람을 끈질기게 찾아가 괴롭힐 수도 있다. 또는 지금까지 자신이 준 물건을 다시 돌려달라고 매일같이 전화를 하며 닦달할 수도 있다. 참고로 지금 말한 것들은 내가 겪은 일들은 아니지만,

주변 사람들이 이야기한 최악의 이별 중 일부이다.

이 이야기를 절정-대미 이론에 적용하면 다음과 같다. 당신이 364일 동안 상대에게 세상 다정한 사람이었다고 해도, 마지막 이별이 최악일 경우 상대는 당신과의 연애를 최악이라고 기억할 확률이 높다. 왜냐하면 끝이 너무 안 좋았기 때문이다. 내 경험을 돌이켜봐도 그렇다. '좋은 사람이었어'라고 기억되는 사람은 마지막이 아름다웠던 사람이다.

아름다운 이별이 있겠냐마는 그래도 서로를 존중하고 그 상황을 받아들이며, 마지막에 서로에게 예의를 갖춘 이별은 상대에 대해 좋은 기억을 남겼다. 이별까지 이른 데에는 다양한 이유가 있고 힘든 시간이었지만, 그럼에도 불구하고 좋게 헤어진 사람은 좋게 기억되었다.

나는 수업 때 연애에 관한 이야기가 나오면 이 말을 한다. 연애 기간 동안 아무리 잘해도 헤어짐이 아름다워야 상대에게 좋은 사람, 좋은 추억으로 기억될 수 있다고 말이다. 헤어지는 마당에 그게 뭐가 중요하냐고 생각할 수 있겠지만, 당신이 사랑했던 그 사람에게 좋은 추억으로 기억될 수 있다면 그건 그것 나름대로 의미가 있지 않을까?

대부분의 사람들은 어떤 경험이든 끝이 좋아야 좋게 기억한다. 그러니 누군가를 만나든 잘 이별할 수 있는 사람을 만나라. 그리고 당신 역시 마지막 순간에는 그런 사람이 되었으면 한다.

인생을 소풍처럼

이별은 연애에만 적용되는 것이 아니다. 모든 사람들은 언젠가 세상과 이별한다. 나는 연애만큼이나 내 삶과 잘 이별하는 것도 중요하다고 생각한다. 나는 내 장례식에 대한 나름의 로망이 있다. 남편에게도 말했지만, 혹시 내가 먼저 죽으면 내 장례식은 축제나 파티처럼 해주면 좋겠다고 이야기했다. 그렇다고 해서 "저 사람 죽어서 잘됐다"고 박수 치라는 의미는 아니다. 내 죽음을 너무 슬퍼하기보다는 잘 놀다가 집으로 돌아가는 손주를 보내듯 아쉽지만 그래도 즐겁게 보내주었으면 한다는 것이다.

곡소리보다는 내가 생전에 좋아했던 음악을 틀어놓고, 내 삶을 잠시 추억하면 좋겠다. 내 장례식장에 온 사람들이 급히 내온 육개장이 아니라 제대로 된 한 끼 식사를 대접받으면 좋겠다. 그리고 이 친구가 한생 나름 잘 살다 갔노라고 웃으며 이야기해주면 더 좋겠다.

내가 학창 시절 가장 좋아한 만화책의 결말이 그랬다. 츠다 마사미(津田雅美)의 《그 남자! 그 여자!》(원제는 《그 남자 그 여자의 사정》, 학산문화사)의 마지막 장면에서 성인이 된 남녀 주인공이 그들의 시간들을 회상하며 마지막에 다음과 같은 말을 한다.

"'아아, 재밌었어, 이젠 피곤해'라고 말하면서 죽는 게 꿈이야."

마치 삶을 소풍에 비유한 천상병 시인의 〈귀천〉을 떠올리게 한다. 나는 죽음의 순간 그렇게 생각할 수 있는 사람이고 싶다. 그래서 내 장례식이 남은 사람들이 나를 즐겁게 보내주는 시간이 되면 좋겠다.

산 자의 장례식

장례식에 대한 로망을 이야기하니 남편은 그렇게 못 하겠다고 손사래를 쳤다. 생각해보면 쉽지 않은 일이다. 일반 장례식장에서 경쾌한 노래를 틀어놓고 장례를 치르는 게 도리어 다른 사람들에게는 민폐가 될 수도 있으니 말이다. 한 가지 더 마음에 걸리는 것은 장례식 손님이 사실 내 손님이 아니라는 것이다. 실제로 '결혼식 손님은 부모님 손님이고, 장례식 손님은 자녀들 손님이다'라는 말도 있지 않은가.

죽은 자는 말이 없다. 그런데 내가 원한다고 해서 죽은 후 그렇게 진행해달라고 해도 남은 사람들이 그렇게 할 수 있을까. 결혼식도 부모님 때문에 당사자 마음대로 못 하는 경우가 있는데, 하물며 죽고 난 후 장례식이야 살아 있는 사람들 마음대로 아니겠는가. 그런 고민을 하고 있을 때 우연히 흥미로운 SNS를 보게 됐다.

"고인이 되어서 치르는 장례가 아닌 임종 전 가족, 지인과 함께 이별 인사를 나누는 살아서 치르는 장례식을 하려고 합니다. 검은

옷 대신 밝고 예쁜 옷 입고 오세요. 같이 춤추고 노래 불러요."[18]

죽음을 앞둔 할아버지가 자신의 생전 장례식을 위해 쓴 초대글의 일부다. 이 기사를 읽는 순간 '이거다!'라는 생각이 들었다. 죽어서 하는 내 장례식은 나를 위한 것이 아니다. 남은 사람들을 위한 시간이다. 그렇지만 살아서 하는 장례식은 온전히 나를 위한 것이다. 살아생전에 고마운 사람들, 사랑하는 사람들, 보고 싶은 사람들을 초대해 맛있는 식사 한 끼 대접하며 자신의 삶을 이야기하고, 좋아하는 노래나 한 곡 부르며 마지막 인사를 할 수 있다면 참 좋을 것 같다는 생각이 들었다. 이 얼마나 멋진가. 죽기 전 내 사람들에게 감사를 표할 수 있다면 그보다 더 좋은 일이 있을까? '안녕'을 고하며 "이번 생, 내 삶의 일부로 함께해줘서 고마워"라고 말할 수 있다면 말이다.

회자정리(會者定離)

만난 사람은 언젠가 반드시 헤어진다. 만남이 있으면 이별이든 죽음이든 언젠가 끝이 있다. 그리고 우리는 그 끝이 좋아야 좋은 경험으로 기억한다. 그래서 좋은 삶이란 잘 이별하는 삶일지 모른다. 그러니 나도, 그리고 당신도 누군가에게, 그리고 세상에게 잘 이별할 수 있는 사람이 되길 바란다.

▦ 주

1 리 로스·토머스 길로비치, 이경식 옮김, 《이 방에서 가장 지혜로운 사람》, 한국경제신문, 2018.

2 대니얼 길버트, 최인철·서은국·김미정 옮김, 《행복에 걸려 비틀거리다》, 김영사, 2006.

3 김아름, 〈직장인 92% "수저계급론은 현실"〉, 파이낸셜뉴스, 2017. 01. 06.

4 Yoi Tibbetts, Judith M. Harackiewicz, Elizabeth A. Canning, Jilana S. Boston, Stacy J. Priniski, and Janet S. Hyde, "Affirming independence: Exploring mechanisms underlying a values affirmation intervention for first-generation students", *Journal of personality and social psychology*, 2016 May; 110(5): pp. 635-659.

5 Douglas L. Delahanty, A. Jay Raimonde, and Eileen Spoonster, "Initial posttraumatic urinary cortisol levels predict subsequent PTSD symptoms in motor vehicle accident victims", *Biological psychiatry*, 2000; 48(9): pp. 940-947.

6 Dominique J-F de Quervain, Jürgen Margraf, "Glucocorticoids for the treatment of post-traumatic stress disorder and phobias: a novel therapeutic approach", *European Journal of Pharmacology*, 2008 Jan; 583(2-3): pp. 365-371.

7 켈리 맥고니걸, 신예경 옮김, 《스트레스의 힘》, 21세기북스, 2015.

8 Keller, Abiola Litzelman, Kristin Wisk, Lauren E. Maddox, Torsheika Cheng, Erika Rose Creswell, Paul D. Witt, Whitney P., "Does the

Perception that Stress Affects Health Matter? The Association with Health and Mortality", *Health Psychology*, 2012 Sep; 31(5): p.677.

9 Jeremy P Jamieson, Wendy Berry Mendes, Erin Blackstock, Toni Schmader, "Turning the knots in your stomach into bows: Reappraising arousal improves performance on the GRE", *Journal of Experimental Social Psychology*, 2010 Jan 1;46(1): pp. 208-212.

10 노먼 도이지, 김미선 옮김, 《기적을 부르는 뇌》, 지호, 2008.

11 Anna W. Roe,a Sarah L. Pallaqb Young H. Kwon, and Mriganka Sur, "Visual projections routed to the auditory pathway in ferrets: receptive fields of visual neurons in primary auditory cortex.", *Journal of Neuroscience*, 1992 Sep; 12(9): pp. 3651-3664.

12 Paul Bach-Y-Rita, Carter C. Collins, Frank A. Saunders, Benhamin White and Lawewnce Scadden, "Vision substitution by tactile image projection.", *Nature*, 1969 Mar; 221(5184): pp. 963-964.

13 Gregory M. Walton and Geoffrey L. Cohen, "A brief social-belonging intervention improves academic and health outcomes of minority students.", *Science*, 2011 Apr; 331(6023): pp. 1447-1451.

14 켈리 맥고니걸, 신예경 옮김, 《스트레스의 힘》, 21세기북스, 2015.

15 https://mbl.stanford.edu/materials-measures/stress-mindset-manipulation-videos

16 Alia J Crum, Modupe Akinola, Ashley Martin, Sean Fath, "The role of stress mindset in shaping cognitive, emotional, and physiological responses to challenging and threatening stress", *Anxiety Stress Coping*, 2017 Jul;30(4): pp. 379-395.

17 우춘춘, 이월영 옮김, 《남자, 남자를 사랑하다》, 학고재, 2009.

18 석태진, 〈"제 장례식장에는 밝고 예쁜 옷 입고 오세요"…한 할아버지의 마지막 소원〉, 인사이트, 2019. 04. 02.

북큐레이션 • 원하는 곳에서 자신의 가치를 높이고, 가슴 뛰는 삶을 살고 싶은 이들을 위한 책

《오늘 밤은 맘 편히 자고 싶어》와 함께 읽으면 좋은 책. 진정한 행복을 만나고 싶은 당신을 언제나 응원합니다.

컬러는 나를 알고 있다

진미선 지음 | 15,500원

“색을 알면 내 마음도, 상대의 마음도 알 수 있다!”
나의 색을 알고 나답게 잘사는 방법

다양한 사람들을 만나 상담과 색채 심리 프로그램을 진행해온 저자는 자신의 색을 알아보고 자신의 컬러대로 살아가는 길을 안내한다. 책에 실린 나의 색을 찾을 수 있는 ‘마인드 컬러 자가진단표’와 ‘나의 상태를 알 수 있는 3가지 컬러’, ‘마인드 컬러 보완색 찾기’ 등은 이 길의 충실한 안내 지도가 되어준다. 현재에 만족하지 못해 돌파구를 찾는 사람, 스트레스로 힐링과 휴식이 필요한 사람 등 어려운 시기를 살아가는 많은 이들에게 내가 착각하고 있는 나, 내가 바라는 나, 관계 속의 나를 알고 스스로를 돌아보는 방식을 제시해줄 것이다.

일시정지는 처음이라

정보람 지음 | 13,800원

몸과 마음의 활력을 잃은 이들에게 전하는
셀프 힐링을 위한 지침서!

코로나19로 일상의 흐름이 흐트러진 지 오래다. 하루하루가 불확실성으로 채색된 일상에서 개인들은 저마다 사회적인 거리두기와 경제적인 고충으로 고난의 긴 터널을 지나가고 있다. 우울함과 불안감이 높아지는 지금 삶의 에너지를 회복하고 마음의 안정을 취할 수 있는 방법은 없을까? 이 책은 각자가 타고난 마음의 속도를 찾아 현재의 상황을 있는 그대로 받아들이고 자기 속도대로 재충전하는 방법을 알려준다. 무엇보다 일시정지된 시간을 불안함으로 채우기보다 재충전과 자신을 돌아보는 시간으로 채우는 데 집중한다.